Vivir con nuestros muertos

Delphine Horvilleur
Vivir con nuestros muertos
Pequeño tratado de consuelo

Traducción de Regina López Muñoz

Libros del Asteroide

Primera edición, 2022
Quinta reimpresión, 2026
Título original: *Vivre avec nos morts*

Queda rigurosamente prohibida, sin la autorización
escrita de los titulares del *copyright*, bajo
las sanciones establecidas en las leyes, la reproducción
total o parcial de esta obra por cualquier medio
o procedimiento, incluidos la reprografía
y el tratamiento informático, y la distribución
de ejemplares mediante alquiler o préstamo públicos.

Copyright © Éditions Grasset & Fasquelle, 2021

© de la traducción, Regina López Muñoz, 2022
© de esta edición, Libros del Asteroide S.L.U.

Revisión de los términos en hebreo: Raquel García Lozano

Imagen de cubierta: © *Peony*, Paul Jones, © reproduced with permission
La editorial ha hecho todo lo posible para localizar al propietario
de los derechos de esta obra.
Fotografía de la autora: © JF PAGA

Publicado por Libros del Asteroide S.L.U.
Santaló 11-13, 3.° 1.ª
08021 Barcelona
España
www.librosdelasteroide.com

ISBN: 978-84-19089-01-4
Depósito legal: B. 3973-2022
Impreso por Kadmos
Impreso en España - Printed in Spain
Diseño de colección: Enric Jardí
Diseño de cubierta: Duró

Este libro ha sido impreso con un papel ahuesado,
neutro y satinado de ochenta gramos, procedente de bosques
correctamente gestionados y con celulosa 100 % libre de cloro
y ha sido compaginado con la tipografía Sabon en cuerpo 11.

Esta obra se benefició del apoyo de los Programas de Ayuda a la Publicación
del Institut français.

Índice

Azrael: «La vida y la muerte de la mano»	13
Elsa: «En la casa de los vivos…»	23
Marc: «La vestimenta de los retornados…»	39
Sarah y Sarah: «El cesto de las generaciones»	61
Marceline y Simone: «El día del Juicio»	75
El hermano de Isaac: «Caer en la pregunta»	93
Ariane: «Casi yo»	109
Myriam: «El mundo que está por venir»	125
Moisés: «El hombre que no quería morir»	143
Israel: «Bendito el que revive a los muertos…»	157
Edgar: «¿Soy yo acaso el guarda de mi tío?»	177

A la memoria de mi abuelo, Nathan Horvilleur

*Y para Samuel, Ella y Alma,
que siempre me traen de vuelta a la vida*

Te pongo delante vida o muerte, bendición o maldición. Escoge la vida.

                               Deuteronomio, 30, 19

La vida es el conjunto de funciones capaces de sacar partido a la muerte.

                                      Henri Atlan

En el fondo, si no existiera la muerte, la vida perdería su carácter cómico.

                                    Romain Gary

Azrael
«La vida y la muerte de la mano»

Justo antes de que empiece una ceremonia en el cementerio, suena mi teléfono.

Descuelgo: «Ahora mismo no puedo hablar. Te llamo cuando termine el entierro…».

La escena se ha repetido tantas veces que mis amigos han acabado tomándosela a guasa. No es raro que me llamen y me pregunten en broma quién ha muerto hoy, y cómo va la vida en el cementerio. Mi asidua presencia en este lugar que mucha gente no pisa nunca, o casi nunca, hace que cada cierto tiempo me vea sometida a un interrogatorio: «¿No te da cosa estar tan cerca de la muerte? ¿No se te hace muy cuesta arriba tratar tan a menudo con dolientes?».

Desde hace años soslayo el asunto alternando respuestas de forma aleatoria: «No, no, no pasa nada, se acostumbra una»; «Sí, sí, es terrible, no importa las veces que lo hagas»; «En realidad depende del día y de la situación»; «Buena pregunta, es algo en lo que pienso a menudo»…

Lo cierto es que no tengo la menor idea. Ignoro el efecto que desempeña la muerte sobre los vivos que se aproximan a ella o ejercen de acompañantes. Sería incapaz de determinar qué influencia tiene sobre mí, porque no sé qué mujer habría sido yo si hubiera procurado alejarme de ella.

Lo que sí sé es que con el tiempo he ido adoptando ciertos ritos o hábitos que algunos denominarían gestos conjuradores o trastornos obsesivo-compulsivos y que me ayudan de un modo muy arbitrario a limitar el lugar que ocupa en mi existencia.

Por ejemplo, cuando salgo del cementerio tengo la costumbre de no volver directamente a casa. Después de una inhumación me impongo siempre un desvío en un café, una tienda, donde sea. De esta manera creo una esclusa simbólica entre la muerte y mi hogar. Ni hablar de meterla en mi casa. Necesito a toda costa desembarazarme de ella, dejarla en otra parte, junto a una taza de café, en un museo o en un probador, y asegurarme así de que me pierda la pista y no averigüe mi dirección.

En la tradición judía, un millar de relatos aseguran que la muerte puede perseguirte, pero que existen formas de mandarla a paseo y lograr darle esquinazo. Muchas leyendas la encarnan con los rasgos de un ángel que visita nuestras casas y deambula por nuestras ciudades.

Este personaje posee incluso un nombre, Azrael, el ángel de la muerte. De él se cuenta que ronda, espada en mano, a quienes acude a castigar. Se trata de cuentos supersticiosos que sin embargo dan lugar a prácticas de lo más originales; por ejemplo, en muchas familias judías, cuando alguien enferma se le atribuye otro nombre de pila. Se altera su identidad para inducir a error a la criatura sobrenatural que tuviera la mala idea de ir a buscarlo. Imagínate que el ángel de la muerte llama a tu puerta para reclamar la vida de un tal Moshe y que tú puedes contestar tranquilamente: «Lo siento, aquí no vive ningún Moshe. Esta es la casa de Salomón». Y Azrael, avergonzado, pedirá disculpas por las molestias, dará media vuelta y se largará.

La estratagema resulta de lo más cómica, pero enuncia una verdad sutil. Es consustancial a la humanidad creer que puede mantener la muerte a raya, crear barreras y relatos, maquinar para que se aleje, o convencerse de que una serie de rituales o palabras le confieren tal poder.

La modernidad, la medicina y los avances técnicos han desarrollado sus propios métodos. En la actualidad, el ángel de la muerte está sin lugar a dudas vetado de nuestras casas y se lo invita a presentarse en hospitales, clínicas, residencias de mayores o plantas de cuidados paliativos, preferiblemente fuera del horario de visitas. Se considera que ya no pinta nada en nuestros hogares. Cada vez menos gente muere en casa, como para proteger a los vivos de una morbosidad que no tiene cabida en el espacio doméstico.

Reflexiono a menudo sobre esta distribución de los espacios, sobre todo cuando voy por París y descubro placas en fachadas de edificios antiguos. Aquí murió fulano, allá falleció tal o cual personalidad. Hoy en día es raro que sepamos si hay un vecino agonizante en nuestro edificio, y evitamos hábilmente pensar en quienes en otros tiempos expiraron en nuestros dormitorios. La muerte tiene sus dominios reservados y creemos que delimitando su territorio la obligaremos a replegarse.

Pero a veces la historia, con sus imprevisibles argumentos, nos recuerda cuán limitado es nuestro poder, a pesar de todos nuestros relatos y nuestros juegos de prestidigitación.

En 2020, el ángel de la muerte decidió visitarnos a escala mundial, llamar a la puerta de los cinco continentes, y en el momento en que escribo estas líneas no parece dispuesto a dejarse despachar. Ciertamente, sigue siendo en hospitales y servicios de reanimación —lejos de nuestros hogares— donde más se ensaña la muerte con los enfermos de COVID, pero aun así le recuerda a la humanidad que tiene el poder de interferir en nuestras vidas. De pronto se vuelve palpable el temor a que hostigue a un ser querido, a que se cuele en nuestro territorio. El ángel al que tanto nos gustaría ahuyentar exige que le hagamos un hueco en nuestra existencia y nuestra sociedad. Sabe cómo nos llamamos, dónde vivimos, y no se dejará engañar.

La pandemia también ha alterado los ritos funerarios y el acompañamiento en el duelo. Al igual que todas las personas que hacen compañía a quienes están muriendo, estos últimos meses he sido testigo de situaciones que jamás hubiera imaginado vivir.

Visitas a enfermos con mascarillas y guantes que nos privan de una cara, una sonrisa o una mano tendida a quienes se marchan; un aislamiento impuesto a nuestros mayores para resguardarlos de una muerte que pese a todo irá a visitarlos pero los hallará desesperadamente solos; entierros a puerta cerrada donde se cuentan los presentes con los dedos de una mano, donde se les niega a los deudos un abrazo o un apretón de manos. Hemos tenido que vivirlo y convencernos de que ya meditaríamos sobre ello más tarde. Demasiado tarde.

Un día, durante el primer confinamiento, recibí una llamada de una familia. Sus miembros estaban en el cementerio, frente al ataúd de su padre, sin nadie que les prestara apoyo. No habían pedido a ningún amigo que los acompañara porque no querían poner en riesgo a nadie. Pero no sabían ninguna oración judía y me suplicaban que los asistiera a distancia. Así, me vi murmurando al teléfono unas palabras que ellos repitieron en voz alta. Por primera vez en mi vida oficié un entierro desde el salón de mi piso para una familia con la que ni siquiera había intercambiado una mirada. Al colgar me dije que todas las esclusas habían saltado por los aires. La muerte había entrado sin permiso en nuestros espacios de vida.

Dio con nuestras direcciones y se coló en casa de todos, en nuestras familias o en nuestras conciencias. O, mejor dicho, nos recordó que nunca se había marchado, que campaba a sus anchas, y que nuestro poder se reducía a escoger las palabras y los gestos que pronunciaríamos en el momento en que ella se manifestara.

Encontrar esas palabras y conocer esos gestos encarna el núcleo de mi trabajo.

Desde hace años intento definírselo a quienes me preguntan.

¿Qué es ser rabina? Naturalmente es oficiar, acompañar y enseñar. Es traducir textos para darlos a leer, y transmitir a cada generación las voces de una tradición que aguarda que nuevos lectores la transmitan a su vez. Sin embargo, conforme van pasando los años me parece que el oficio que más se acerca al mío tiene un nombre: narradora.

Saber contar lo que se ha dicho mil veces, pero ofreciendo claves inéditas para que la persona que oye la historia por primera vez aprehenda la suya. En eso consiste mi función. Acompaño a mujeres y a hombres que en un momento crucial de sus vidas necesitan narraciones. Esas historias ancestrales no son exclusivamente judías, pero yo las enuncio con el lenguaje de mi tradición. Tienden puentes entre épocas y generaciones, entre las personas que han sido y las que serán. Nuestros relatos sagrados abren un pasadizo entre los vivos y los muertos. El papel del narrador es quedarse junto a la puerta para asegurarse de que permanece abierta.

Y así se nos vuelve a plantear la cuestión de los espacios y las divisiones. Nos complace pensar que las paredes son herméticas, que la vida y la muerte están bien separadas y que los vivos y los muertos no han de cruzarse. ¿Y si en realidad no hicieran otra cosa?

Me acuerdo de la primera vez que vi un cadáver. Fue en Jerusalén y era el de una mujer. Por aquel entonces yo estudiaba Medicina y el semestre estaba dedicado íntegramente a la anatomía. Tras la formación teórica, debíamos pasar varias semanas en la sala de disección. A cada uno de nosotros se le «asignó» un puesto de estudio, es decir, una mesa donde yacía una persona que había donado su cuerpo a la ciencia. Me acuerdo del olor embriagador del formol, de esos cadáveres que examinábamos órgano tras órgano, músculo tras músculo, nervio tras nervio.

Para protegernos emocionalmente, para mantener a raya el miedo y la aprensión, habíamos dejado de verlos como organismos completos y observábamos con atención cada elemento anatómico desvinculándolo de los demás. El mecanismo consistía en asegurarnos con la mayor frialdad posible de que todo se ajustaba a la perfección a los detalles del manual que habíamos memorizado con esmero.

Un día debíamos estudiar la anatomía de la mano y tratar de reconocer cada uno de los ligamentos, distinguir la arteria y el nervio ulnar, la vena cubital y el músculo flexor. Cuando aparté la sábana que tapaba el brazo derecho del cuerpo que llevaba ya varios días diseccionando, sentí que me embargaba la náusea. En la punta de la mano de aquella mujer que había donado su cuerpo a la ciencia, las uñas limadas, que habían seguido creciendo *post mortem*, lucían una elegante laca rosa.

Probablemente se la habría aplicado muy poco antes de morir. Parecía que la última capa apenas hubiera tenido tiempo de secarse del todo cuando Azrael había llamado a la puerta con su espada en la mano para arrebatarle la vida a aquella mujer de manicura tan primorosa. Me conmocionó esta visión. Creo que solo entonces me saltó a la vista una realidad inefable, una obviedad, desde luego, pero que nosotros, alumnos de Medicina, rehusábamos enunciar: cada uno de los cadáveres diseccionados narraba la vida de un hombre o de una mujer, una vida ciertamente compleja y atormentada hecha de trascendencia y superficialidad, de las decisiones —acaso tomadas el mismo día— de contribuir a la ciencia y de pintarse las uñas.

En aquella sala de anatomía de la facultad de Medicina, la vida y la muerte se tocaban con la punta de los dedos, los de una mujer que yo de pronto miraba con otros ojos. Y me vino a la memoria la perogrullada más famosa, la que para mí destaca como la verdad más grande jamás enunciada: «Cinco minutos antes de morir, todavía estaba viva».

Decir esto, por obvio que resulte, es reconocer que hasta el último momento, incluso cuando la muerte resulta inevitable, la vida no se deja confiscar del todo. Se impone aún en el instante previo a nuestra desaparición y hasta el final parece decirle a lo macabro que hay modos de coexistir.

Y puede que en realidad esa convivencia no espere a la muerte para establecerse. A lo largo de toda nuestra existencia, sin que seamos conscientes de ello, la vida y la muerte se dan continuamente la mano y bailan.

Ese corro se me apareció en un libro, por la misma época en que frecuentaba la facultad de Medicina. De nuevo, por inquietante que parezca, estaba estudiando la mano y su biología. En las clases de embriogénesis, donde se aprenden las etapas de la formación de la vida *in utero*, descubrí que, como muchos órganos de nuestro cuerpo, los dedos se forman por muerte celular. En un primer momento, nuestra mano se desarrolla en forma de palma, completa y sin espacios entre las puntas; solo más adelante, en el proceso normal de evolución, los dedos se individualizan y separan uno por uno mediante la destrucción de las células que los unían. En otras palabras, el cuerpo humano se esculpe a través de la muerte de los elementos que lo componen. Sucede con los apéndices digitales pero también con no pocas cavidades del organismo: corazón, intestinos o sistema nervioso. Llevan a cabo sus funciones porque se ha abierto un vacío en ellos. La desaparición de una parte de sí mismos permite la acción de dichos órganos. Por tanto, le debemos la vida a la muerte que se obra en ella.

Este fascinante fenómeno de muerte en el seno de la vida fue estudiado por un investigador y narrador excepcional, Jean-Claude Ameisen, quien se apasionó por ese proceso, denominado «apoptosis». El nombre de esta muerte programada en nuestros cuerpos procede del griego y significa «caer desde arriba». El término designa también la estación otoñal, cuando los árboles pierden sus hojas.

Así discurren las estaciones de la existencia; los árboles y el ser humano solo siguen vivos si la muerte los visita. La primavera llega únicamente para quien experimenta la apoptosis y permite que la muerte esculpa la posibilidad de su renacimiento. En la actualidad, la oncología lo ratifica: las células en las que la vida se embala, las que se niegan a morir y cobran una vitalidad casi eterna, se vuelven tumorales. El exceso de vida nos condena y la muerte inhibida resulta fatal. Solo cuando la vida y la muerte se dan la mano puede continuar la historia.

Estudié anatomía, biología y embriogénesis, pero no me hice médica, ni tampoco investigadora. Al final opté por asistir a los vivos de otra manera.

Considero que todo lo que aprendí de la biología y las ciencias de la vida encuentra otras traducciones en mi desempeño como rabina, y que esos saberes del cuerpo dialogan con las historias que transmito.

La biología me inculcó hasta qué punto la muerte forma parte de nuestras vidas. Mi profesión me muestra a diario que podemos hacer que lo contrario sea igualmente cierto: también en la muerte puede haber un lugar para los vivos. Para ello, es preciso que podamos contarlos, encontrar palabras que los preserven mejor que el formol. Cada vez que oficio en el cementerio trato de honrar y ampliar ese lugar mediante la fuerza de unas historias que dejan huellas indelebles dentro de nosotros, la prolongación de los muertos entre los vivos.

El libro que tienes entre tus manos reúne varias historias que me ha sido permitido contar, vidas y duelos que he tenido que vivir o que he podido asistir. Algunos detalles se han modificado para respetar la intimidad de los deudos, otros son del todo fieles a la realidad y se relatan con el consentimiento de las familias concernidas. A todos los hombres y todas las mujeres a cuyo lado he estado y cuya historia figura o no en estas páginas les dirijo mi gratitud infinita y les reitero el honor que supuso para mí acompañarlos y estar junto a ellos, de la mano.

Elsa
«En la casa de los vivos...»

«¡A ver, cuénteme...!»

Cada sesión arrancaba con estas palabras, invitando a sus pacientes a retomar el análisis como quien retoma el hilo de un relato. Elsa Cayat adoraba las historias. Sabía contarlas, escribirlas y escucharlas.

No tuvo tiempo de escuchar esta, que arranca justo después de su desaparición. Me encantaría relatarle lo que sucedió después, expresarle hacia dónde nos ha llevado nuestra congoja, e imaginar el análisis que ella hubiera hecho de esta historia deshilvanada.

Es jueves, 15 de enero de 2015. Son las doce del mediodía y un gentío inmenso aguarda ya a las puertas del cementerio de Montparnasse. No se oye ni el vuelo de una mosca. Nuestras voces sofocadas traducen el mutismo de toda una nación. Nos quedamos sin palabras hace ocho días.

El miércoles anterior, el tiroteo desgarró el tiempo para fijar en él un recuerdo. Todos y todas recordamos dónde estábamos exactamente cuando saltó la noticia, y qué conversación vino a interrumpir la muerte.

Dentro de unos minutos empieza la ceremonia de su entierro. Los periodistas y cámaras que han acudido a cubrir las exequias de la «psicoanalista de *Charlie*» esperan en el exterior del cementerio.

Me cuelo entre los cuerpos conocidos o anónimos para intentar localizar a la familia. Enseguida me doy cuenta de que Elsa tenía varias: la familia de sangre, la de la revista, los pacientes y un aluvión de amistades, y también una familia de lectores, esos que sus libros transformaron en allegados. En el cementerio conviven mundos irreconciliables e inconsolables, niños de luto que han unido su destino en la sangre derramada, la sangre de una redacción, la sangre de los clientes de un supermercado *kosher*, la sangre de una agente de policía.

Alrededor de las tumbas hay mucha gente, demasiada para una sesión de análisis. No sé por dónde empezar, cómo describir lo que nos pasa y lo que no acertamos a entender. En francés, cuando se desea expresar confusión se suele usar una expresión peculiar: «¡Me suena a hebreo!», como si esa lengua extranjera fuese para todo el mundo un poco más extranjera, un poco menos manejable que cualquier otra. ¡Pues empecemos por el hebreo!

En esta lengua, el cementerio tiene un nombre *a priori* absurdo y paradójico. Se denomina *beit hajaim*, la «casa de la vida» o la «casa de los vivientes». Se trata no de un intento de negar la muerte o de conjurarla mediante el borrado sino de todo lo contrario, de lanzarle un mensaje claro ubicándola fuera del lenguaje; de darle a entender que su presencia evidente en ese lugar no garantiza su victoria y de afirmar que no, tampoco ahí tendrá la última palabra.

Los judíos se toman muy en serio un versículo de la Torá formulado en el libro del Deuteronomio bajo la forma de un mandato divino: «Te pongo delante vida o muerte, bendición o maldición», dice el Eterno. «Escoge la vida.»* Así pues, para demostrar que aplican el mandamiento al pie de la letra la convocan en cualquier circunstancia.

Lejaim, «¡por la vida!», dicen cada vez que alzan sus copas en un gesto de burla a lo macabro. Por más que la muerte llame con frecuencia a su puerta e intente invitarse a menudo a su historia, los judíos se obstinan en hacer como si pudieran no abrir y tuvieran los medios para decirle: «Lo siento, no estamos en casa. ¡Vuelva usted mañana!». Hasta en el cementerio la ahuyentan y le espetan: «¡Piérdete!».

Sigamos la clase de hebreo para evocar otra particularidad, en esta ocasión de tipo gramatical. La palabra *jaim*, la vida, es un plural; y es que en esta lengua la vida no existe en singular. El hebreo proclama que cada uno de nosotros tiene muchas vidas, no sucesivas sino trenzadas, como hilos que se cruzan a lo largo de la existencia y aguardan el desenlace para distinguirse. En hebreo,

---

* Deuteronomio, 30, 19.
[Para las citas de la Biblia hebraica, el Antiguo Testamento en la tradición cristiana, hemos recurrido a la Biblia de Jerusalén (2018, 5ª ed.) por su extrema fidelidad a las fuentes originales. *(N. de la T.)*]

nuestras vidas conforman un tapiz hasta que podamos deshacer los nudos contando nuestras historias.

«A ver, cuénteme...»

Elsa Cayat invitaba a todo el que se le cruzaba a ponerse manos a la obra. Cada uno de sus textos, cada uno de los artículos y los libros que escribió llevan la huella de lo que Elsa intentó destejer para los demás. ¿Sabía ella que su apellido, Cayat, significa «sastre» en hebreo y en árabe? Durante siglos, una extraña historia de amor ha vinculado a los judíos con la pañería y ha dejado su impronta en no pocos chistes judíos...

Esto es un padre que le dice a su hijo: «Ahora que ya has estudiado en la facultad de Políticas, en Harvard y en la Politécnica, ha llegado el momento de escoger: ¿confección para señoras o confección para caballeros?».

Puede que, a su manera, Elsa siguiera esta tradición ancestral y zurciera los textos como quien repara una prenda textil, hilo a hilo.

Aquel día, en Montparnasse, en la casa de los vivos que acogía a una nación destrozada, me puse a buscar a los allegados de Elsa. Su hermana, Béatrice, me agarró la mano y me llevó hacia el grupito más íntimo, la familia Cayat y el equipo de *Charlie*. Y fue entonces cuando pronunció unas palabras que me estremecieron: «Os presento a Delphine, nuestra rabina. Pero ¡no os preocupéis, que es una rabina laica!».

No supe qué decir, me quedé muda. ¿Se trataba de una broma? ¿Había un malentendido acerca de lo que se esperaba de mí? ¿Qué función debía yo desempeñar?

En el fondo, yo percibía lo que la hermana de Elsa pretendía señalar a sus interlocutores con toda la seriedad del mundo, y su tentativa de tranquilizarlos.

El ateísmo de los Cayat, el apego de Elsa hacia la laicidad y hacia el espíritu de *Charlie*, donde publicaba una columna quincenal, debían poder dialogar con las palabras de la tradición judía que yo, rabina, tenía la responsabilidad de transmitir aquel día.

Debía existir un modo de conciliar esos mundos, de coser y unir todos los hilos de la vida de Elsa, y de revelar no solo sus propias complejidades sino las de todo un país cuya urdimbre se desbarataba.

En aquel instante, las múltiples vidas de una mujer erudita, antirreligiosa, judía sefardí, psicoanalista francesa, militante feminista, madre cariñosa, amiga sin reservas, alma cultivada y bocazas, debían dialogar para que a través de ellas pudieran hablar todas las personas que, de pronto, en la Francia de enero de 2015, estaban firmemente convencidas de que ya no tenían nada que decirse.

Todas esas voces debían poder conciliarse para intentar reconciliarnos. Porque aquel instante también consistía en eso: en la posibilidad de sostener juntos los jirones de una nación.

Aquel día, mientras recitaba una liturgia ancestral, los salmos y las oraciones judías frente a los supervivientes de *Charlie Hebdo*, no me convertí en «rabina laica» sino que entendí que siempre lo había sido. Esta expresión, que algunos juzgarán absurda o descabellada, vino a contar una verdad profunda que me costaba formular.

La laicidad francesa no opone la fe al descreimiento. No separa a los que creen que Dios vela por nosotros y a los que creen con la misma intensidad que Dios ha muerto o es una invención. No tiene nada que ver con eso. No se basa ni en la convicción de que el cielo está vacío ni en la de que está habitado, sino en la defensa de una tierra nunca repleta, en la conciencia de que siempre hay lugar para una creencia que no es la nuestra. La laicidad defiende que el espacio de nuestras vidas nunca se satura de convicciones y garantiza siempre un hueco vacío de certezas. Impide que una fe o una pertenencia acaparen todo el espacio. En este sentido, a su manera, la laicidad es trascendencia. Afirma que siempre hay en ella un territorio más amplio que mi creencia, capaz de acoger la de otro que ha llegado a él para respirar.

A menudo he tenido la sensación de que el judaísmo asume en sus lenguajes algo que se hace eco de esta idea. La identidad judía reposa también sobre una vacante. En primer lugar, porque no es proselitista y no trata de convencer al otro de que posee la única verdad. Y también porque le cuesta formular aquello que la fundamenta. Nadie sabe realmente qué hace a un judío, y menos aún a un «buen judío». ¿Es un origen, una práctica, una creencia, una tradición culinaria? La identidad judía siempre está más allá de lo que se pueda decir de ella y jamás se deja acotar por una definición única que reduzca sus posibilidades.

Por decirlo con otras palabras: «el» judaísmo siempre es más amplio que «mi» judaísmo. Preserva un espacio libre para otra concepción distinta de la mía y, por tanto, para una trascendencia infinita: la de la definición que otro pueda dar.

El judaísmo garantiza en su seno un espacio para Elsa y para mí, uno para una judía no creyente y otro para una rabina, sin que ninguna de las dos pueda reivindicarse como más legítima. Ni ella ni yo podemos afirmarnos «más» o «mejor» judía que la otra.

Por consiguiente, si yo no dejo un espacio en mi judaísmo para el de ella, lo traiciono. Reducirlo a mi definición o a la suya equivaldría a profanarlo.

La laicidad no es ajena a esta conciencia.

Para mí, ser «rabina laica» significa eso mismo: recibir como una bendición el hecho de que mis creencias jamás podrán ser hegemónicas, ni en el seno de la nación francesa ni en el de la tradición judía. Y alegrarse de que bajo el sol haya suficiente espacio libre para que cada cual recobre el aliento.

Mediante la fuerza de dos palabras, la hermana de Elsa expresó mejor de lo que podría haberlo hecho yo lo que me permitía estar junto a ellos, rezar con los supervivientes de una redacción «antirreligiosa» y asegurar que juntos podríamos escoger aún la vida. Y por ello le estaré eternamente agradecida.

Gracias a ella supe qué historia debía contar, qué palabras podía coser unas con otras para evocar en la lengua de mi tradición cómo fueron las vidas de Elsa. Supe que necesitaría convocar a mis predecesores, aquellos cuya historia resonaba aquel 15 de enero de 2015 en un cementerio parisino. Comprendí que debíamos continuar una conversación ancestral iniciada mucho tiempo atrás, en las páginas del Talmud, y que aguardaba pacientemente a ser compartida.

Esta conversación arrancó en una pequeña localidad llamada Yavne, cerca de Jerusalén, hace casi dieciocho siglos. En ella participaron varios sabios: un tal Eliezer, uno que se llamaba Josué, y los pupilos de su casa de estudio. Desde entonces, generaciones de lectores se han sumado y han continuado la disputa.

En su origen, el debate versaba sobre un objeto: un horno construido con piedras unidas mediante arena. La estructura del instrumento obligaba a los sabios a determinar su estatus ritual. ¿Podía o no el horno en cuestión contraer impurezas? ¿Se podía utilizar en cualquier circunstancia? El asunto puede parecer trivial, pero los debates de los sabios en el Talmud suelen versar sobre cuestiones prácticas y sus implicaciones legales o simbólicas.

Rabí Eliezer y los demás rabinos no se ponían de acuerdo con respecto al problema del horno. Declaró Rabí Eliezer que era puro, a diferencia de lo que decía el resto, y añadió:

—Si tengo razón, este árbol lo confirmará.

Inmediatamente, el árbol se desarraigó y se trasplantó varios metros más allá. Los rabinos de la casa de estudio, lejos de dejarse impresionar por tan milagrosa manifestación, le respondieron:

—¿Y qué? ¿Qué prueba puede aportar un simple árbol?

Rabí Eliezer no se desanimó y porfió:

—Si tengo razón, que este arroyo lo confirme.

Inmediatamente, el riachuelo que pasaba por allí interrumpió su curso y lo reinició en dirección contraria. Sin embargo, los compañeros del rabino Eliezer seguían negándose a atribuir ningún valor al milagro y afirmaron que su opinión y no la de él era la buena.

Eliezer continuó con su demostración prodigiosa:

—Si tengo razón —afirmó—, ¡que los muros de la casa de estudio se inclinen a mi favor!

Las paredes temblaron y muy despacio se inclinaron sobre los sabios, amenazando con sepultarlos. Entonces, los rabinos riñeron a los muros diciendo:

—¿Por qué os metéis en esto? Cuando los sabios debaten entre ellos, ¿qué os importa a vosotros?

Los muros interrumpieron su caída y así se quedaron, torcidos hasta hoy, por consideración hacia Rabí Eliezer y por respeto a sus compañeros.

Ya sin argumentos, el anciano sabio proclamó con voz cristalina:

—Si tengo razón y la ley está de mi parte, una voz celeste se pronunciará.

Inmediatamente resonó una palabra providencial que le prestó un apoyo inequívoco:

—La opinión de Rabí Eliezer es conforme a la ley.

Y entonces, Rabí Josué, que hasta entonces había estado callado, se levantó y dirigió al Eterno estas palabras:

—¡La Torá no está en los cielos!

Interpeló a Dios en persona y le pidió que recordara que les hizo entrega de la Ley en el monte Sinaí. «Ahora está en nuestras manos y no en las tuyas. Nosotros somos los responsables de su interpretación, y ningún milagro ni manifestación sobrenatural invalidará la opinión de los sabios tal como se expresa por la mayoría.»

El Talmud concluye el episodio afirmando que Dios se

echó a reír y exclamó: «*Mis hijos me han vencido, mis hijos me han vencido*».*

Puñetazo en la mesa con respecto al pensamiento religioso tradicional: los rabinos del Talmud, a través de una sencilla leyenda, invierten la presunta jerarquía de poderes y ponen en entredicho la sumisión a una autoridad trascendental. Según ellos, el Eterno les ha confiado una ley y les corresponde a ellos interpretarla, aun cuando sus interpretaciones contradigan la opinión del propio Dios. Ese poder que Él les confirió es por tanto un poder del que Él mismo se priva y que vuelve superflua su intervención en la Historia. «Demasiado tarde», le dicen los sabios. Ninguna modificación del orden del mundo, ningún fenómeno milagroso les arrebatará a los hombres el poder que Tú les conferiste.

Y así es como en el siglo II de nuestra era, a cuenta de un banal instrumento culinario, los rabinos traman una revolución teológica. Decretan que la ley divina impone que Dios se mantenga al margen. Imaginan incluso que el divino se congratula de que lo hayan puesto en su sitio, como un padre que hubiera enseñado a su vástago las reglas del ajedrez y perdiera la partida contra él. «Jaque mate», exclama, encantado de que le hayan ganado. En Yavne, los rabinos del Talmud sueñan con un Dios bienhumorado, dispuesto a retirarse de la Historia entre risas, a desaparecer en provecho de los hombres que debaten.

---

* Adaptado del Talmud de Babilonia, tratado Baba Metziá, 59b.

Con este episodio inventan un pensamiento religioso que es una forma de a-teísmo, en el sentido más literal del término, un mundo donde Dios no se entromete y donde las decisiones humanas prevalecen cuando son objeto de controversia.

«Padre nuestro que estás en los cielos, quédate ahí, que nosotros nos quedaremos en la tierra, tan hermosa a veces», escribió Prévert en el siglo XX, mucho después de que unos sabios hubiesen proclamado lo mismo.

Naturalmente, tachar a esos rabinos de ateos en el sentido de «no creyentes» sería una afirmación deshonesta. Ellos consagran su vida a un Dios que les ha confiado una misión sagrada, la de interpretar su Ley y ser partícipes de su obra de creación.

El contexto de su debate, por lo demás, no es baladí. Su conversación-revolución tiene lugar varias décadas después de la destrucción del Templo de Jerusalén, en el momento preciso en que han de renovar la idea que se hacían hasta entonces de la presencia divina en el mundo. Viven asimismo pocas décadas después de que un hombre, según se cuenta, recorriera la región afirmando que podía obrar milagros, curar a los enfermos y resucitar a los muertos. En semejante contexto, no es de extrañar que traten de consolidar su poder afirmando que no, que los milagros no demuestran nada, si así lo determinan los hombres.

En cualquier caso, independientemente del marco histórico, esta leyenda invita a los lectores de cualquier época a revisar su concepción de lo divino. Permite imaginar a un Dios que se ríe de su impotencia y celebra el descaro de los sabios, incluso cuando estos le ordenan que se mantenga al margen.

Me cuesta creer que semejante Dios pudiera ofuscarse por las portadas de *Charlie Hebdo*, por irreverentes que sean, o por las crónicas de una psicoanalista insolente que lo manda a paseo.

Y no puedo evitar sonreír ante la idea de que esa redacción impertinente fue, muy a su pesar, heredera de un descaro talmúdico que ella jamás habría reivindicado. ¿Sabía el equipo de *Charlie* que el Dios del Talmud proclama a su manera «qué duro es que te amen unos gilipollas»?

Pienso en la risa de Elsa, de la que me hablaron todos sus amigos sin excepción, y en la estupidez de quienes la han acallado para siempre.

¿Detectaron los asesinos la obscena paradoja de su gesto homicida? Su creencia en un Dios que reclama venganza y se enfurece de que lo desprecien constituye una blasfemia gigantesca. ¿Qué Dios «grande» se torna tan miserablemente «menor» como para necesitar que unos hombres salvaguarden su honor? Pensar que Dios se ofende porque se burlen de Él ¿no es acaso la mayor profanación que puede haber? Grande es el Dios del humor. Diminuto el que carece de él.

Eso fue lo que dije a todos los presentes aquel día de enero de 2015 en un cementerio parisino que reunía a personas que tenían en común la creencia en la grandeza de la risa, la de Dios o la de los hombres. Y así pudimos llorar juntos esa mañana, en Montparnasse, aullar nuestra tristeza y hacer gala de sentido del humor desde lo más hondo de nuestra desesperación.

En la lápida de Elsa se grabó «Libertad, Igualdad, Fraternidad» y bajo esa trinidad republicana descansa ahora ella. Durante muchos meses, el fragmento del Talmud que cité permaneció encima de la sepultura. Alguien lo depositó allí, debajo de una piedra, en una funda plastificada. Al final se lo llevó el viento.

Cada vez que voy al cementerio de Montparnasse me acerco a la tumba de Elsa. Es fácil de localizar porque se encuentra justo al lado de una especie de arco metálico, junto a la calle lateral. Como manda la tradición, le dejo una piedra, y con el tiempo los guijarros se acumulan y van hablando de los años que pasan.

Los judíos no tienen la costumbre de adornar las tumbas con flores, sino con esas piedras pequeñas tan emblemáticas. La mayoría de la gente ignora su significado.

Hace mucho tiempo, cuando los muertos se enterraban en las cunetas o en los campos, había que señalar a toda costa la presencia de una sepultura a quienes viajaban por los parajes, y más concretamente a un sector de la población denominado «los *kohén*». Según la ley bíblica, estos miembros de la familia sacerdotal tienen prohibido acercarse a un cadáver. Entrar en contacto con la muerte los volvía impuros y los incapacitaba para cumplir con sus funciones de sacerdotes del Templo. Por tanto, las piedras dispuestas sobre una tumba señalaban a los *kohén* que pasaran por allí que debían alejarse del lugar.

Con el desarrollo de los cementerios cercados, la tradición de las piedras perduró, pero se le añadieron otros sentidos más simbólicos. A diferencia de las flores, que se marchitan, las piedras permanecen y manifiestan la fuerza del recuerdo. Hablan del lugar inalterable que ocupan los desaparecidos en la vida de quienes los sobreviven.

Además, la palabra piedra tiene en hebreo un significado oculto que posee el valor de un potente símbolo. Si escindimos el sustantivo «piedra», *eben*, tenemos otros dos que parecen haberse fusionado: *ab* y *ben*, «el padre» y «el hijo».

Dejar una piedra encima de una tumba es declarar a quien descansa en ella que nos incorporamos a su herencia, que nos ubicamos en la serie de generaciones que prolongan su historia. La piedra proclama filiación, real o ficticia, pero siempre sincera.

¿Qué huella indeleble llevan consigo los hijos de enero de 2015? ¿Qué herencia se nos puso sobre los hombros en esa fecha? Es aún pronto para determinarlo. Los acontecimientos nos convirtieron en niños dolientes que tardarán años en comprender todo lo que les deben a quienes se han ido.

Me acuerdo muy a menudo de una de esas niñas, y de su pena.

Recuerdo perfectamente su silueta aquel 15 de enero de 2015. Vuelvo a ver a aquella joven toda elegante de melena negra y zapato alto arrebujada en un abrigo de pieles del mismo color, que le confería un aspecto un tanto hollywoodiense. Es probable que aquella mañana hubiera escogido minuciosamente cada accesorio, cada elemento de su atuendo, como una niña que se disfraza para arropar su pena en un traje de gran señora.

La hija de Elsa se encontraba a mi derecha en el momento en que bajaron el féretro de su madre. Recitamos juntas el kadish, la oración de los dolientes, antes de arrojar a la sepultura un puñado de tierra, y fue entonces cuando se volvió hacia mí y con un intenso sollozo me preguntó: «Entonces, ¿ya está? ¿Mamá ya nunca volverá?».

En el núcleo de esta tragedia nacional y de un duelo colectivo, mientras millones de personas participaban en manifestaciones populares y jefes de Estado del mundo entero se desplazaban a París, tal vez hubiéramos olvidado lo más esencial: explicarle a una chica que su madre se había ido para siempre. En un duelo colectivo o nacional siempre se les confisca algo a las familias y los allegados de las víctimas, una parte de lo que están en su derecho de exigir, el reconocimiento de un dolor del que nosotros no nos hacemos siquiera una idea, y unas palabras de verdad.

Le dije a la hija de Elsa que no volvería, pero añadí que siempre estaría con nosotros: en aquel abrigo sofisticado lucido por una niña que parecía prometerle al mundo «seré lo que he decidido ser», en el Inconsciente de sus pacientes, que gracias a ella contarían otras historias, en los ataques de risa de unos amigos inconsolables que no renunciarían al humor ni dejarían ganar a la muerte.

Saliendo del cementerio el 15 de enero de 2015 me crucé con el dibujante Jul, que había formado parte de la redacción de *Charlie*. Me agarró del brazo y, con un guiño, me susurró al oído: «Si hay más atentados, quiero reservarla a usted para mi entierro; a mi madre le encantaría que pudiera hacerlo...».

Y me pareció oír la potente risa de Elsa resonar entre nuestros sollozos, en la casa de los vivos.

Marc
«La vestimenta de los retornados...»

«Elsa no volverá», le dije a su hija.

Me equivocaba.

En junio de 2017, es decir, dos años y medio después del atentado de *Charlie Hebdo*, recibo la llamada de una familia que acaba de perder a uno de los suyos. Marc tenía cincuenta y nueve años y deja atrás unos padres, una compañera y un hijo. Es a través suyo que descubro al hombre brillante y aún tan joven al que acompañaré junto a ellos.

Conocer a los allegados y preparar las honras fúnebres es un momento sagrado. Puede parecer trivial escribir algo así, pero esas horas o esos días pasados junto a aquellos que se separan de un ser querido constituyen un tiempo «sagrado», como murmura el hebreo. El término «sagrado», *kadosh*, significa literalmente «aparte», y la desaparición de un ser querido sume a quienes lo sobreviven en un tiempo aparte que interrumpe su carácter lineal.

La tradición judía manda que entre el fallecimiento y el momento de la inhumación se ponga junto al cuerpo del difunto una vela como símbolo de la presencia de su alma, que sigue viva. Este rito enuncia una verdad profunda: algo de la vida de la persona que nos abandona está incandescente durante esos pocos días. Es un tiempo en el que la vida que se marcha resplandece de una forma particular, y quien quiera que se acerque lo percibe: esa luz es capaz de prenderle fuego al mundo, o todo lo contrario, de ayudar a ver lo que hasta entonces permanecía en las tinieblas más absolutas.

Por esta razón son determinantes las conversaciones que se mantienen con los allegados en ese tiempo fuera del tiempo. Como rabina, sé que dispongo de un lapso muy breve para intentar discernir dicha luz a través de las palabras, los gestos, los relatos y los silencios de quienes constituyen el círculo más estrecho del difunto. He de captar lo que la luz debe revelar, a quién alumbra, qué sombra contiene, y de qué manera vibra.

Sé que algunos leerán en estas líneas una forma de santurronería o de pensamiento mágico. No me refiero aquí a creer en la eternidad del alma ni a una vida después de la muerte, sino a una conciencia muy concreta y racional: los ritos de acompañamiento logran convertir la vida de los difuntos en un destino, siempre y cuando hablen sin traicionar.

En una cita muy célebre, André Malraux afirmaba que «la tragedia de la muerte es que transforma la vida en destino». Y es cierto que la muerte tiene ese poder, gracias a las palabras y los ritos. Crea un relato que construye una vida, a la manera de un monumento cuyos cimientos pusiéramos con el último suspiro. Sin embargo, a diferencia de lo que insinúa Malraux, me parece que en esos momentos sagrados no es necesario convocar la tragedia. Es posible concebir de otro modo la construcción memorial que empieza a erigirse a ojos vistas.

Existen muchas otras maneras de transformar una vida en destino. La muerte suele ser una tragedia, al menos cuando sucede en un momento que para nuestras conciencias resulta inconcebible, porque no había llegado la hora o porque la violencia del desgarramiento arrasa con todo a su paso... pero existe una forma de impedir que confisque por completo el relato de una vida. Con mucha frecuencia, la desaparición brutal secuestra el conjunto de una existencia que, sin embargo, no debe reducirse a su desenlace.

No contar nunca la vida a partir del final sino a partir de lo que en ella se creyó «sin fin».

Saber decir todo lo que fue y lo que podría haber sido, mucho antes de decir lo que ya no será.

Se me viene a la memoria una escena de película, un fragmento de la comedia de Michel Leclerc *Los nombres del amor*. El protagonista, descendiente de deportado, asiste en su colegio a la inauguración de una placa en homenaje a los niños exterminados en los campos. Cuando la profesora está explicando el sentido de la conmemoración, el adolescente interviene, para asombro de todos sus compañeros: «Yo me imagino que he sido asesinado y que todos los días paso por delante de algo que me recuerda lo horrible que es que te hayan matado y no creo que me gustara. Sería mejor recordar el día en que comieron nata montada por primera vez, por ejemplo, y que en la placa pusiera: "En este centro unos niños comieron nata montada por primera vez". A ellos les gustaría más, en mi opinión».

El comentario del chico desencadena la ira de la profesora, que no se da cuenta de que la provocación enuncia una verdad sobre la que es interesante meditar: hay muchas maneras de narrar la vida de quienes nos dejan, incluso cuando su desaparición resulta extremadamente dramática. Quizá necesitamos asegurarnos de que nuestra memoria permanece fiel a la complejidad de su existencia, que nunca se resume en el componente trágico de su interrupción.

Me he dicho muchas veces que tanto para mí como para mis seres queridos deseo que el día de nuestro entierro nuestras vidas puedan ser evocadas desde una perspectiva distinta de la tragedia, que se nos brinde la posibilidad de ser rememorados mediante otros léxicos y otros registros, que nuestras vidas puedan verse como un *thriller*, una serie romántica, una leyenda mitológica o incluso una comedia popular. Lo que sea con tal de que en nuestro entierro se nos permita no ser reducidos a nuestras muertes y transmitir cuán vivos estuvimos en vida.

En los entierros es habitual que los discursos pasen por alto toda una vida, o que el oficiante se equivoque por completo de registro. Me ha pasado. Recuerdo sobre todo una ocasión en que tuve la sensación de «patinar», en el homenaje a un hombre que yo oficiaba. No había sabido o podido identificar los elementos más destacados de su existencia. Sus hermanos y hermanas habían llegado unos días antes para preparar la ceremonia. Les costaba responder a las preguntas que yo les hacía, como si ignorasen fragmentos completos de su personalidad, como si el hermano hubiera sido un extraño para ellos hasta el final.

—¿Tenía alguna pasión?
—Que sepamos, no.
—¿Quiénes eran las personas realmente importantes para él?
—Es difícil decirlo.
—¿Cuáles eran sus sueños?
—Que sepamos, no tenía.

La respuesta a todas las preguntas se me brindó durante la propia ceremonia, es decir, demasiado tarde. El hombre al que acompañábamos había sido amado con locura, pero su familia de sangre no lo sabía. Sus amigos y amores reunidos lo atestiguaban. Ellos componían la verdadera familia que aquel hombre se había forjado, las personas a las que había confiado sus sueños, solo que no se habían acercado a hablar conmigo.

En la compartimentación absoluta de la vida de aquel hombre, su familia de sangre no lo había conocido, y el día de sus exequias fui la portavoz de una ignorancia y de una ocasión perdida, la testigo de un encuentro que no había tenido lugar. En el cementerio, a trancas y barrancas, tuve que tomar en consideración ese desatino: no negar la barrera levantada por un hombre para separar a unos y otros en su vida, sino aguzar el oído para escuchar al otro lado de un muro invisible y oír todo lo que yo no sabía.

En el entierro de Marc no ocurrió nada de eso. Marc supo crear vínculos entre todas las personas que le importaban. Y muchas de ellas hablaron de su humanidad aquel día. Recuerdo haber percibido cuánto amor había en su vida, el amor por la medicina y por los cuidados, el amor por la escritura y por su familia, el amor por sus amigos y por todas esas personas con quienes tenía lazos y afinidades potentes. Una de esas amistades tomó la iniciativa y me invitó a cederle la palabra.

La víspera de la ceremonia de inhumación de Marc, en el momento de escribir el texto de su oración fúnebre, recibí un último mensaje de la familia.

Simplemente deseaban añadir un detalle a nuestra conversación, una anécdota que habían olvidado compartir conmigo y que yo debía saber: Marc había mantenido «durante muchos meses una correspondencia que significaba mucho para él». Intercambiaba emails con una tal Elsa Cayat, psicoanalista asesinada en el atentado de *Charlie Hebdo*, y juntos tenían el proyecto de publicarlos en forma de libro. La familia adjuntaba al mensaje una copia de la conversación electrónica de ambos, interrumpida en 2015.

Yo estaba convencida de que Elsa no volvería. Me equivoqué. Aquella noche regresó a su manera, llamó a mi puerta o al monitor de mi ordenador para rondarme y ayudarme a escribir. Abrí el archivo adjunto.

Era muy tarde y me eché a temblar solo de pensar en lo que me disponía a leer. Me pregunté si tenía derecho a hacer tal cosa. Efectivamente, Marc y Elsa habían intercambiado muchos correos a lo largo del año 2014, el último de la vida de Elsa.

Creo que no los traiciono si comparto aquí una mínima parte de lo que contenían aquellos mensajes; a fin de cuentas, tenían la vocación de ser publicados. En ellos, Marc evocaba sus recuerdos y desarrollaba reflexiones, y Elsa respondía aportando su experiencia psicoanalítica. Juntos habían acabado escogiendo un tema, un objeto de exploración que algún día se convertiría en el contenido de su libro.

A lo largo de todo 2014, estas dos criaturas decidieron conversar a propósito de... la muerte. Desde luego, ninguno de los dos sospechaba que vendría a visitarlos tan pronto, tanto a una como al otro.

Y hete aquí cómo una noche del verano de 2017 me llegó por email un manuscrito encantado, el diálogo epistolar de dos personas que no podían saber que su primera lectora *post mortem* sería la rabina encargada de oficiar sus respectivos funerales.

Al evocar su propia muerte es como si me expresaran los elementos que deseaban ver aparecer en su panegírico fúnebre. Tal vez me estuvieran invitando a «conocerlos». Nunca hasta entonces había recibido cartas de fantasmas, no hablemos ya de emails. Pero así aparecen en ocasiones los retornados.

Retornados. Así suele denominarse a los fantasmas, pues es precisamente lo que se obstinan en hacer: retornar. Retornar hasta que aceptamos verlos y hablar por fin de ellos.

Así pues, retornemos.

Todos los niños juegan alguna vez a los fantasmas. Recuerdo haberme escondido centenares de veces detrás de las cortinas del salón de mis abuelos y haber hecho temblar el tejido profiriendo gritos inquietantes, uuuuuuuu. En todas las películas y dibujos animados de nuestra infancia se representan igual, como siluetas cubiertas por una vaporosa sábana blanca. Pero, por lo general, el origen de esta imagen y su simbología en la cultura popular se desconocen. La vestimenta blanca del fantasma es en realidad una reminiscencia de un rito judío ancestral: el amortajamiento del muerto.

En el judaísmo, al difunto no se lo entierra con ropa de calle ni con «el traje de los domingos». Antes de inhumarlo hay que prepararlo, asearlo y después engalanarlo con una túnica blanca muy específica. Esta prenda, con la que será enterrado, reproduce simbólicamente otra que aparece en la Biblia, la vestimenta que lucía el Sumo Sacerdote cuando oficiaba en el Templo de Jerusalén hace más de dos mil años.

La Torá describe en detalle cómo se purificaba el Sumo Sacerdote, cómo ejecutaba las abluciones y se vestía mientras se preparaba para enfrentarse al Creador en el altar. En el Templo, el *kohén* era el hombre que más podía acercarse a lo divino, el único con derecho a acceder al Sanctasanctórum, o sea, a comparecer ante el Dios invisible. En la tradición judía, el día de su inhumación todo hombre se inviste del mismo papel sacerdotal. Se lo asea y atavía con los mismos atributos, ya que él también se dispone a encontrarse con lo divino. Su cuerpo se envuelve en una mortaja que reproduce todos los elementos de la prenda sacerdotal. Cada hombre que recibe sepultura es un Sumo Sacerdote el día de su partida. Se prepara para el mismo cara a cara.

Los fantasmas de nuestra infancia existen a imagen de ese clero funerario que se aparece en nuestra memoria colectiva. Reproducen el ritual mortuorio... con una excepción.

Un último detalle pone punto final a la preparación de los muertos en la tradición judía: la mortaja debe coserse por los extremos, para que quede cerrada, justo antes de que el cuerpo esté listo para la inhumación. La prenda de los muertos se cierra con una costura que sella su partida.

Este último punto de los preparativos funerarios tiene repercusiones inesperadas en el día a día de ciertas familias judías, entre las cuales se cuenta la mía. Cuando yo era pequeña y se me caía un botón o me hacía un siete en la ropa, a veces había que coser a toda prisa el desgarrón o cerrar con un punto el tejido roto. Mi madre me daba entonces una orden sorprendente y aparentemente lúdica: el rato que durase el arreglo yo tenía que masticar con muchas ganas, hacer como si masticara con unos movimientos de mandíbula exagerados. Tardé años en comprender qué superstición intervenía en aquel mandato *a priori* anodino pero en verdad dramático que reflejaba la prohibición de componer un tejido puesto sobre una persona viva, por tratarse del mismo gesto que se efectúa sobre los muertos.

Por tanto, había que conjurar la mala suerte, o, más concretamente, lanzar un mensaje muy claro al ángel de la muerte, por si acaso merodeaba por allí. Imagínate que Azrael fuese testigo del remiendo: ¡podría llegar a la conclusión de que está en presencia de un muerto! Así pues, la masticación viene a señalarle que no, que la persona está vivita y coleando. «Perdone, pero se ha confundido usted, ¡esto solo es un apaño!» Así es como se invita a la muerte a volver más tarde. Lo más tarde posible.

Y esto es lo que representa el fantasma en cantidad de películas o en la cultura popular; esa forma blanca y movediza es un muerto envuelto en su mortaja flotante. Es un difunto vestido con una prenda funeraria mal cosida o sin coser.

Como le falta un pequeño retoque, el fantasma no puede abandonar este mundo. Se queda aquí retenido y se aparece mientras aguarda el arreglo que le permitirá por fin marcharse. En hebreo, por lo demás, los fantasmas se llaman *ruaj refaim*, que literalmente significa «espíritu suelto». Son espíritus con los hilos deshechos.

Los fantasmas portan la huella de sus historias deshilachadas y por eso retornan. Esperan plantarles cara a esas historias, es decir, ver de qué manera las zurcen quienes les sobreviven.

En la película de M. Night Shyamalan *El sexto sentido*, un niño repite a los adultos de su entorno una frase aterradora: «*I see dead people*», «en ocasiones veo muertos». Si el espectador se estremece es porque se ve obligado a preguntarse si él mismo no se estará negando a ver los fantasmas que lo rodean. ¿Y si se nos diera la oportunidad de vislumbrarlos? ¿Y si bastara con prestar atención, o ver las cortinas moverse?

De nuevo, no es necesario creer de forma literal en una vida más allá de la muerte ni en la presencia de almas en pena en nuestras viejas casas para reconocer muy racionalmente que todos convivimos con fantasmas.

Están los de nuestras historias personales, familiares o colectivas; los de las naciones que nos vieron nacer; los de las culturas que nos acogen; los de las historias que nos han contado (o no), y, a veces, los de las lenguas que hablamos.

Me cruzo con esos espectros casi cada vez que recibo a alguien en mi despacho. Viven en los relatos de «retornos» que la gente comparte conmigo, en los secretos familiares que me confían o en las maldiciones que pasan de generación en generación. A menudo, a los fantasmas les gustan las efemérides, se manifiestan a intervalos regulares en familias donde las historias se repiten, sobre todo entre las que están convencidas de no saber nada de su linaje o, peor aún, de no tener nada que ver con todo eso.

Siempre han existido en nuestras familias, pero a veces ciertos acontecimientos históricos los multiplican. La guerra, como es natural, creó muchos. Y concretamente en las familias judías los fantasmas llegan a muy viejos con una estupenda salud, bien alimentados de historias rebosantes de traumas que garantizan su perfecto desarrollo.

Están los tenaces fantasmas de la Shoá, los muertos que no recibieron sepultura, los de las conversiones forzadas, y los fantasmas de los niños escondidos, los conversos y los descendientes del silencio, de todo lo que ha habido que callar para salvarse. Está todo lo que los abuelos no contaron y lo que nosotros no nos atrevimos a preguntar, los fantasmas del miedo y del exilio y los de la culpabilidad. Y resulta extremadamente fácil convocar a esta multitud de retornados que habitan nuestras vidas.

Con cada ciclo de vida, nacimiento, *bar mitzvá*, matrimonio, duelo... ellos figuran en la lista de invitados, y siempre son de los primeros en llegar. Resurgen en el instante mismo en que se plantean las preguntas de filiación; se aparecen en cuanto algo se forja o se rompe, se sella o se disuelve en la familia. Cada acontecimiento que establece o deshace los vínculos los emplaza. ¡Y cómo no! Siempre andan en busca de hilos sueltos que suturen tanto nuestras historias como las suyas.

En las antiguas leyendas judías se los llama *dibuk*. La palabra procede de una raíz hebraica, *dabak*, que significa «pegado» o «prendido», pues esas presencias surgidas de nuestros pasados se adhieren de buenas a primeras a nuestras vidas igual que un parche termoadhesivo aplicado a un tejido desgastado. Los dos elementos se mezclan y se transforman en uno solo.

El *dibuk* se acopla a nuestras vidas. No es ni bueno ni malo, no busca ni proteger ni hacer daño. Se agarra a nuestras historias igual que un parásito. A veces nos incordia o nos ayuda, nos obstaculiza o todo lo contrario: nos permite ir más allá.

En ciertas historias judías, el fantasma pone zancadillas a su huésped; otras veces, lo saca de un apuro.

El *dibuk* reside en no pocas páginas de los libros de Isaac Bashevis Singer y de tantos otros escritores. En *La*

Danse de Gengis Cohn, Romain Gary lo imagina amargándole la vida a un exnazi bajo los rasgos de un judío ejecutado en Auschwitz.

Pero la literatura judía tradicional le reserva también un lugar considerable.

Por ejemplo, el rabino Joseph Caro, célebre autor del gran libro de la ley judía, el *Shulján Aruj*, estaba convencido de que la esterilidad de su mujer la había curado un *dibuk*. Según Caro, aquel espíritu «pegado» al alma de su esposa infértil había proporcionado personalmente la simiente que a ella le faltaba para poder engendrar.

Así pues, los fantasmas no son siempre maléficos. A veces nos cuentan una historia, la nuestra, y nos revelan que no es más que una repetición de la suya.

En el primer correo que Marc le envía a Elsa se cuela uno que ocupa mucho espacio: el fantasma del niño que antaño fue. De hecho, el diálogo entre ambos se inicia a partir del relato de un suceso de su niñez. Ya en las primeras líneas Marc le cuenta a Elsa cómo fue su primer contacto con la idea de la muerte:

«Tengo diez años o así y estoy en mi cama; la escena se reproduce en mi memoria con suma precisión, como si fuera una película. Es tarde y no consigo conciliar el sueño.

»[...] Mis padres ven la segunda cadena, que hace muy poco empezó a emitir en color, mientras yo, solo en mi cuarto, a oscuras, doy mil y una vueltas bajo la sábana. Todavía no lo sé, pero mi inconsciente ha abierto una puerta que ya nunca más se cerrará. Adiós a la levedad de la infancia, a los bonitos años en los que el tiempo no importa y discurre en largos minutos, en largas horas de espera... porque ese día, esa noche, ¡cobro conciencia de que ya he vivido diez años de mi vida! Diez años consumidos, como una vela cuyo material se derrite inexorablemente hasta extinguirse del todo. Como un reloj de arena al que no se le puede dar la vuelta. Otra etapa igual y tendré veinte años. Otra más y serán cuarenta... y cuando repita esa cantidad que me parece ridículo contar tendré ochenta años... el final, por así decirlo; la muerte».

Un niño de diez años sufre un ataque de ansiedad al cobrar conciencia de que la muerte es inevitable. Ese niño que descubre la mortalidad llama en plena noche a su madre, que acude a consolarlo. El niño, ya adulto, y hoy muerto mucho antes de haber alcanzado «el final, por así decirlo», comparte con una mujer que morirá meses más tarde el gran miedo de sus diez años: que ya sabía, desde el principio de su historia, cómo sería el final.

Elsa contesta e insinúa que esa noche brinda una clave para comprender una historia que se remonta mucho más en el tiempo. Según ella, esa noche porta la huella de un fantasma. «¿Qué es un sentimiento de pánico?», escribe. «Un sentimiento de abandono muy potente que reactiva algo que no te han contado sobre TU historia. Ese miedo a morir es un anhelo de morir, el miedo a ser abandonado se traduce en un deseo de abandonarse definitivamente.»

No sabría decir si al leer esas pocas líneas de sus intercambios y darlas a leer a mis lectores estoy honrando o traicionando a Marc y Elsa. No sabría decir si hacer resonar sus voces es un homenaje o una falta de respeto.

No hay nada más peligroso que hacer hablar a los muertos. Pero nada es más sacrílego que hacerlos callar. De modo que lo dejaré aquí.

No voy a hablar en nombre de Elsa y Marc. Espero haber sabido ser lo más fiel posible a sus mundos al narrarlos, sin mutilar ni desnaturalizar su conversación. Me gustaría transmitirles mi gratitud. Porque en verdad, y de un modo inesperado, ese intercambio epistolar mantenido más allá de la muerte y que no iba dirigido a mí me ha permitido revisitar elementos de mi propia historia. Es más, quién sabe si no encontré la manera de acompañarlos gracias al eco que sus vidas crearon en la mía.

Por inquietante que parezca, leyéndolos tuve la sensación de que no solo me invitaban a confrontar sus obsesiones, sino también mis propios miedos. Puede que los fantasmas de sus intercambios no fueran suyos sino míos, y que ellos me invitasen a oírlos.

Al descubrir su correspondencia supe que yo también necesitaba expresarlos. Convocar a mis retornados, como Marc había convocado a los suyos.

Porque la muerte que se manifiesta un día a un niño y le impide conciliar el sueño no solo encontró a Marc. A mí también me visitó. Hace mucho tiempo, cuando tenía diez años, una noche de una infancia aún escondida detrás de las cortinas de la casa de mis abuelos.

Estaba pasando las vacaciones en Nancy, como de costumbre, en el piso de mis abuelos paternos. Mi hermano y yo, en permanente rivalidad, como suele pasarles a los críos que se llevan poco tiempo, multiplicábamos las triquiñuelas para ganarnos el estatus de nieto preferido o heredero modélico. Los celos solían interrumpir bruscamente nuestros juegos, y nuestras peleas eran legendarias.

Aquel día, a mi hermano le habían regalado un juego que me fascinaba, un kit que con ayuda de unos productos químicos fabricaba unos pequeños receptáculos de resina en los que se podía sumergir un juguete para construirle un envoltorio plastificado. El objeto cobraba así el aspecto de un pisapapeles o un objeto de colección.

No recuerdo exactamente el aspecto de aquella materia solidificada, ni tampoco el interés lúdico real del juego... de lo que sí me acuerdo como si fuera ayer es de su olor embriagador y de mis celos contumaces. Extraña memoria olfativa que anula cualquier otro recuerdo.

A última hora de la tarde, el olor resinoso que despedía uno de los objetos que mi hermano había puesto encima de la mesa del comedor me atrajo de un modo irresistible. Por motivos que desconozco, me llevé aquel objeto a la nariz y a continuación a la boca. El plástico tenía una consistencia blandita y de pronto tuve ganas de probarlo. Al final, tras mordisquear uno de los extremos, me tragué un trocito.

Ignoro qué fue lo que ocurrió después. Solo me acuerdo de que, cuando se hizo de noche y llegó la hora de meterse en la cama, me embargó una mezcla de terror y certeza. «Evidentemente», me había envenenado con aquel pedacito de resina que había ingerido. Tuve entonces la absoluta y desesperada convicción de que nada podría salvarme y que aquella noche sería la última de mi vida. Iba a morir, no cabía duda. Estaba condenada.

Lloré durante horas en la cama, negándome a contar a mis abuelos ni una palabra de mi «revelación». No podía anunciarles mi muerte inminente: la idea de causarles un sufrimiento se me hacía insoportable. Debía afrontar sola esa última noche de mi vida y mantener en secreto los motivos de mi próxima desaparición.

Por primera vez en mi corta existencia, tuve la descabellada idea de recurrir a lo que se me antojaba como la única salvación posible. Por primera vez en mi vida, tan breve y ya acabada, me decidí a rezar. Inicié con torpeza una conversación con un Dios del que no se hablaba en absoluto en mi familia. Y, como no contaban nada de él, yo nada sabía del arte de conversar con él.

Esta ausencia de cultura de la oración en el seno de mi familia puede parecer sorprendente. A fin de cuentas, mi abuelo era rabino, o por lo menos había asistido a una escuela rabínica antes de ser profesor. Para todos nosotros poseía la envergadura de un patriarca, y mucha gente lo consideraba un hombre piadoso. Pero el silencio en torno a Dios era marca de fábrica de ese judaísmo que a la sazón se denominaba «israelita», centrado en un racionalismo republicano, revestido de un fuerte apego hacia todos los ritos religiosos domésticos, pero practicado con una discreción extrema que nada debía revelar —ni al mundo exterior ni a los miembros de la propia familia— de las creencias o prácticas de cada cual.

Aquella noche, bajo su techo y sin decirle nada, formulé la primera plegaria de mi vida. Desde mi punto de vista infantil, era la última esperanza de una condenada a muerte. Las mías eran las palabras de una niña que se embarca en una forma de negociación con un Dios desconocido y llama a su puerta formulando un «si me salvas, te prometo que...».

Imposible recordar el contenido exacto de los compromisos solemnes que asumí aquella noche de mis diez años. Solo me acuerdo de haber tenido la sensación de sellar un pacto con algo más grande que yo. Recé, lloré y volví a rezar.

Y aquella noche Dios me respondió. No se manifestó en forma de zarza ardiente, presa de un fuego que no consume. No hizo aparecer en mi cuarto un monte Sinaí ni enunció los mandamientos. No: me envió un salvador.

Ya de madrugada, mi abuelo cruzó el piso. Lo oí recorrer el pasillo, y así fue como llegó a mi habitación, como si supiera lo que me estaba pasando.

Se sentó a los pies de la cama y con mucha ternura me invitó a hablarle de mi miedo, o sea, de mi muerte. Todavía me oigo contar el robo del juguete de mi hermano, la tentación y posterior transgresión suprema de degustar aquella resina plastificada a la que no había podido resistirme, el cargo de conciencia y el pavor subsiguiente, y la muerte que se me había metido en el cuerpo. En el judaísmo no existe la confesión, salvo la que precede a la muerte. Me estaba sometiendo a la tradición sin saber absolutamente nada de ella.

Años más tarde, ya convertida en rabina, no puedo evitar imaginar lo que mi abuelo hubo de oír aquella noche en el relato de su nieta.

¿Podía percibir algo más que el eco evidente de una historia bíblica muy antigua? Reunía todos o casi todos los motivos, como resucitados en el terror de una niña que representa a su manera una historia por todos conocida, salvo por ella misma.

Y esa historia dice así:

En el principio, la humanidad se establece en un jardín, el de una inocencia original, donde un mundo creado en siete días está aún predestinado a una serenidad eterna. En un primer momento, esta humanidad infantil en el paraíso del Edén no presta oídos a la palabra de un Dios que la pone sobre aviso:

«De cualquier árbol del jardín puedes comer, mas del árbol de la ciencia del bien y del mal no comerás, porque el día que comieres de él, morirás sin remedio».*

¿Era posible no transgredir la prohibición? La humanidad acaba cediendo y probando, y entonces, dice la Torá, «se les abrieron a entrambos los ojos» y comprenden que la advertencia es más sutil de lo que parece. Ningún Hombre muere instantáneamente por haber probado el fruto prohibido, ni Adán, ni Eva, ni ninguno de sus descendientes. Pero en un instante el Hombre adquiere el conocimiento, es decir, la conciencia de que la muerte se presentará algún día. La humanidad que descubre su mortalidad se oculta en un jardín o a veces bajo las mantas, aterrorizada. Y Dios, que sabe muy bien dónde encontrarla, le pregunta: «¿Dónde estás?».**

Esta pregunta no es geográfica sino siempre existen-

---

* Génesis, 2, 17.
** Génesis, 3, 9.

cial. Al abrir los ojos a la muerte, la humanidad sabe perfectamente dónde está: se sabe desterrada del mundo de su nacimiento, sacada de su ingenuidad primitiva y para siempre expulsada del jardín de sus orígenes.

Cuando mi abuelo oyó mi pavor, se levantó e hizo algo que cambió el curso de la historia, es decir, el de mi génesis personal. Fue a buscar a la mesa del comedor lo que quedaba del objeto mordisqueado, que yo había dejado en su sitio, lo más discretamente posible. Y volvió a sentarse a mi lado.
 Entonces, mirándome a los ojos, se lo llevó a la boca y le dio un buen mordisco que masticó y tragó. Luego, mi abuelo me besó con cariño, me dio las buenas noches y salió de mi cuarto.

Esa noche no fui capaz de entender que el trozo plastificado que me había comido era totalmente inofensivo, porque en aquel momento nada podía convencerme de eso, pero sí tuve una revelación mucho más fundamental: supe que mi abuelo, el mayor sabio de mi mundo, me acompañaba en mi exilio. Me decía que él abandonaría conmigo el Edén y que no me dejaría sola frente a la muerte.

Acabé por conciliar el sueño, mucho más tarde.
 Cuando desperté a la mañana siguiente tuve la sensación de haberme salvado. Mi abuelo no me habló nunca más de aquel episodio, ni yo a él. Volvimos a ser israelitas ante aquel secreto, personas que se guardan para sí sus creencias, sus prácticas y hasta sus miedos. Pero creo que algo cambió para siempre entre nosotros. Habíamos sellado una alianza.

Cuando pienso en este recuerdo de la niñez, la adulta en que me he convertido ríe y se encoge de hombros. Le gustaría decirle a aquella niña aterrorizada: «No corrías absolutamente ningún peligro. Tu imaginación fértil y tu sentimiento de culpa guiaban tu terror».

Sé también que la niña que de vez en cuando toma la palabra dentro de mí vivió algo muy real aquella noche: su encuentro con la muerte.

Esa niña sabe, como Marc lo supo y lo narró en su carta a Elsa, que en la oscuridad se abrió una puerta a la conciencia aterradora de que la muerte retornaría algún día.

Esa puerta abierta tiene mucho que ver con la persona que he llegado a ser, qué duda cabe. A través de ella he dejado entrar no pocas preguntas y búsquedas, miedos y plegarias, pero también la confianza en la idea de que en este mundo existe una posibilidad de salvación. Esa esperanza lleva muchos nombres. Algunos la llaman Dios, pero los judíos decidieron no nombrarla. Su nombre es inefable. Al negarse a pronunciarlo, reconocen que su poder es inmenso y que trasciende unas palabras que lo limitarían. Adopta muchos rostros y rasgos; a veces los de un salvador, otras los de un secreto.

A estas alturas sé perfectamente que aquella noche no corría ningún peligro, que no iba a morir envenenada, pero sé también que en la penumbra una pequeña oración y un gran hombre me salvaron.

En el momento de mi expulsión del Edén de mi infancia supe que no existía ningún camino de vuelta. Con apenas diez años, presa de un ataque de pánico, me convertí en «superviviente».

Oigo la voz de Elsa que resuena y me responde con las mismas palabras que dirigía a Marc y, a través de él, a todos los que algún día quisieran leerla: «¿Qué es un sentimiento de pánico? Un sentimiento de abandono muy potente que reactiva algo que no te han contado sobre TU historia».
Una noche, en casa de mis abuelos maternos, me enfrenté a la muerte. Vino a decirme que no me habían contado toda mi historia. A advertirme que había en mi jardín muchos fantasmas y secretos que crecían como árboles. Entre ellos, uno que exhibía el fruto del conocimiento del bien y del mal absolutos, el fruto del conocimiento de una historia jamás contada. El árbol de supervivientes del que yo había nacido.

Aquel árbol crecía en otro lugar, no en la casa de mis abuelos paternos sino en el jardín devastado de mi familia materna. Yo era el fruto de esos árboles reducidos a ceniza, esos árboles resinosos de las llanuras de Birkenau donde nadie nunca me había llevado y de las que nada me habían contado. De esos árboles desarraigados y replantados en otra parte me llegaba una savia amarga.
Una noche de mis diez años, decidí probar esa memoria, incluso a costa de que me costara la muerte.
Treinta años más tarde, al participar en las despedidas de Elsa y de Marc, con la fuerza de sus conversaciones y gracias a su historia, revisité la mía.

Sarah y Sarah
«El cesto de las generaciones»

Me llama su hijo.

Acaba de morir y a él le gustaría que yo oficie la ceremonia del funeral al día siguiente, en un cementerio cerca de París. Me dice: «No somos religiosos, pero ella hubiera querido un kadish». He oído esta frase tantas veces que he aprendido a captar toda la carga que conlleva. A veces se enuncia de otro modo: «Verá, nos gustaría que tuviera un entierro tradicional, aunque no seamos "buenos judíos"».

He renunciado a explicar que nada te hace más judío que decir que no eres un judío bueno, y que es de hecho muy judío pensar que uno no es quien debería ser. De hecho, la certeza de ser un judío «como es debido» levanta más bien sospechas. El judaísmo no exige exámenes de paso a quienes ya viven en su seno. No entiende de cuadros de honor, no distribuye puntos positivos por buena conducta, y cada judío sabe que para otro judío su cocina nunca será lo bastante *kosher* ni su práctica lo bastante estricta. Que así sea.

Arranca así nuestra conversación, con él pidiendo disculpas, y a su «no soy un buen judío» me dan ganas de contestar: «No, si yo tampoco, así que deje de hacerse el interesante». Pero no es momento para bromas. Aunque...

Van dos rabinos en la parte de atrás de un taxi en Nueva York y uno le dice al otro: «Soy insignificante y mediocre. Soy inexistente». El otro replica: «Pues yo soy polvo de polvo, humo inconsistente, informe y ridículo». El taxista se vuelve hacia ellos y exclama: «Pero vamos a ver, señores, si con su sabiduría de grandes rabinos son ustedes polvo y humo, entonces ¿yo qué soy? Nada de nada, un infeliz desecho, un residuo...». Los dos sabios se miran sobresaltados y dicen: «Pero este ¿quién se ha creído que es?».

La sabiduría judía lo afirma de mil formas, incluso a través de su humor: la grandeza es inefable, sobre todo para quien la posee. Hay que ser muy pero que muy grande para estar en condiciones de proclamarse insignificante. Por consiguiente, la convicción de ser «como es debido» te vuelve, paradójicamente, un poco menos legítimo.

Nuestro encuentro de malos judíos tuvo lugar en un café donde suelo quedar con los dolientes. Puede parecer incoherente, pero necesito un poco de vida alrededor para hablar de los muertos. Hay gente que alza su copa y a mí me dan ganas de exclamar: *Lejaim!*

Llega solo, se sienta, y es entonces cuando Sarah, su difunta madre, se nos suma a través de las palabras de su único hijo. Escucha discretamente cómo narra él su vida, pues ni siquiera en vida dijo gran cosa. Y yo la reconozco de inmediato: su mutismo de anciana judía me es muy familiar. Siempre estuvo presente en mi infancia; es el silencio de los supervivientes.

Desde el principio de la conversación sé que su vida no se puede contar, pero el hijo lo intenta a pesar de todo. Le gustaría comunicarme quién fue ella, aunque tanto él como yo sepamos que ni palabras ni fechas podrían describir lo que le sucedió y que lo mismo daría que calláramos para hablar de ello. Se trata de una vida que atraviesa el siglo, y quizá un poco más aún. Su hijo me explica que, según los papeles de la administración francesa, cumplimentados en los años cincuenta, su madre tenía noventa y siete años, pero que, según sus propios cálculos, eran muchos más. Porque las fechas no cuadran.

Efectivamente, nada cuadra. La historia que el hombre me relata es una compilación de elementos a cuál más trágico, y el sinfín de desgracias que se abatieron sobre Sarah suman más de lo que una vida centenaria pueda contener.

Está su nacimiento en Hungría, cerca de Budapest, hija única de una pareja de pequeños comerciantes judíos. Sus padres mueren asesinados cuando ella solo es una niña y pasa a estar bajo la tutela de una tía. Se cría en la miseria, más tarde se casa y tiene una hija, la pequeña Rivka. Su marido enferma y fallece. La guerra estrecha el cerco a su alrededor y en el verano de 1944 Sarah, su tía y la pequeña Rivka son deportadas a Auschwitz. Nada más llegar al campo, las separan. Le arrebatan a Rivka y ella ve alejarse a su querida hija junto con su tía, rumbo a las cámaras de gas. Sarah sobrevive a la deportación y en 1945 llega a París casi por azar. Encadena trabajillos y trata de reconstruir algo parecido a una existencia, se las arregla para conseguir los papeles retocando un poco las fechas y las declaraciones juradas, y más tarde conoce a Misha, superviviente él también. Juntos fundan una familia y tienen un hijo, el «mal judío» que me cuenta como puede la historia de su madre. Pero la de Sarah y Misha no es una pareja bien avenida y se gritan a todas horas, en yidish. Se separan. Sarah pasará los siguientes cuarenta años sola, trabajando mucho a cambio de un salario escaso que más adelante le deja una pensión mísera, con el único consuelo de las muy raras visitas de su hijo y las más raras aún de sus dos nietos.

«Mi madre era una mujer muy dura», me dice, como si se pudiera ser de otra manera para sobrevivir a una existencia como la suya. En la mayoría de las familias de descendientes de la Shoá se reconoce esa dureza característica: ¿sobrevivieron porque lo eran o se volvieron así para sobrevivir? Nadie es capaz de dar una respuesta.

Se admite a menudo entre estas familias que la comunicación es compleja, a menudo más vociferada que hablada. Un amigo, hijo de una historia parecida, me dijo un día: «Durante mucho tiempo creí que el yidish era una lengua que solo podía hablarse a grito pelado».

Escucho a este hijo evocar a su madre y me pregunto cómo podré contar esta historia al día siguiente a sus allegados, reunidos en el cementerio. ¿Qué debo destacar? ¿Qué es preciso decir a sus descendientes y a todos los que estarán allí y seguramente no saben nada o casi nada de la historia de esta miserable del siglo XX, de esta

Cosette de un gueto húngaro? ¿He de contar la historia de ella o la Historia de un siglo del que ellos también son hijos?

¿He de decirles que Sarah es una de las últimas a las que nos será dado acompañar, ahora que esa generación nos deja y pronto no habrá ya ningún superviviente o testigo directo?

Naturalmente, hay que hacer todo eso, e insistir en que la historia de una mujer contiene la de todos los Hombres, no solo los de su época, sino también los que mucho después deben vivir con la conciencia de que «eso» sucedió. Para hablar de Sarah hay que relatar la Historia, y no solo su historia; hay que recordar a través de esta mujer lo que el Hombre le hizo al Hombre, para que todas las generaciones lo recuerden.

En hebreo, «generación» se dice *dor*. Es una palabra omnipresente en las oraciones y la liturgia. *Midor ledor*, «de generación en generación»; *bejol dor vador*, «en cada generación»... Eterno, te cantamos, te alabamos, depositamos nuestra confianza en Ti, sabemos que intercederás por nosotros, etcétera. Las referencias a esa esperanza y esa confianza intergeneracional abundan en los libros de oraciones.

Cuando se conoce la historia judía y su sucesión de catástrofes y dramas, una se pregunta con una pizca de ironía si no sería menester dejar de dar gracias a Dios en cada generación por su intervención milagrosa, por ver si algo cambia...

La palabra *dor*, que traducimos como «generación», alude en realidad a un concepto algo más complejo: es, literalmente, la acción de tejer cestos. La imagen es sencilla e impactante. Para hacer un cesto hay que pasar un mimbre o un carrizo entre las varas bien ordenadas del linaje previo. Un cesto se fabrica siempre de abajo arriba. Cada vuelta nueva se une a la que le dio origen, se ancla a ella para constituir a su vez el apoyo sólido de la vuelta siguiente.

La metáfora es fácil de entender: una generación es una vuelta de un cesto. Se agarra a la fuerza de la anterior y anticipa la consolidación de la siguiente.

En nuestras familias, como en nuestras tejedurías, una simple vuelta arrancada o frágil pone en peligro toda la estructura y puede desbaratar la labor entera, de arriba abajo o de abajo arriba.

La Shoá abrió en el cesto de Sarah, y en el de toda su familia, en el de la mía y en el de tantos otros, unas brechas «incosibles». Todos esos duelos han producido «destejidos» que se reintegraron como pudieron a los hilos arrancados para devolver al canasto algo parecido a su forma.

He conocido a muchos hijos cuyos padres supervivientes estaban tan dañados que el cesto se había dado la vuelta. A menudo, los hijos «nacidos después» de la catástrofe se convirtieron en padres de quienes les habían dado la vida. Se invirtió el sentido de la historia para que la generación siguiente pudiera engancharse al reverso del tejido de las historias parentales.

Aquellos cuyos padres perdieron hijos durante la guerra debían hilar más fino aún: ser a la vez padres de sus padres y sustitutos de sus hermanos mayores. Aferrarse a unos fantasmas y sostener a las criaturas devastadas que los engendraron.

Esos hijos «nacidos después» pasaron a ser los padres de sus padres y, dedicados a esta misión imposible, asumieron la responsabilidad de protegerlos mucho y reñirlos mucho.

A menudo también trataron de repararlos, algo que, intervenga o no la Shoá, todos los hijos intentan hacer, tomándose tarde o temprano por mesías, convencidos de poder brindar la redención a sus antepasados, de corregir todo lo que salió mal antes de ellos.

Ese síndrome del hijo-mesías se intensifica en las familias traumatizadas.

Los dramas y los duelos vuelven aún más absurda esta empresa de reparación, abocada al fracaso a menos que uno sepa resucitar a los muertos… Algunos, al comprender cuán inútil e irrealizable es el proyecto, acaban marchándose y tratan de «tejer en otra parte» para procurar sobrevivir a sus padres supervivientes.

Ser un hijo de supervivientes que abandona a sus padres o se aleja de ellos no es una experiencia fácil. Quien lo hace se expone a pasar años preguntándose cómo es posible ser a un tiempo un «mal judío» y un «mal hijo».

Uno por uno, los supervivientes mueren y nosotros nos percatamos de la cantidad de cosas que no hemos sabido, que ellos no contaron y que nosotros no preguntamos. A veces desaparecen sin haber revelado su verdadero nombre, su ciudad natal, la historia de su familia asesinada. A veces no sabemos siquiera su edad, como fue el caso de Sarah. Pasaremos entonces lo que nos queda de vida preguntándonos si los pocos datos de los que disponemos no serán tan erróneos como sus declaraciones a la administración francesa.

Al día siguiente de mi conversación con el hijo de Sarah, llegué temprano al cementerio. Quería ver qué aspecto tenían el cesto y sus jirones dispersos. Quería saber con quién había construido el hijo su vida lejos de ella, quiénes eran los amigos que habían acudido a prestarle su apoyo, cómo eran las personas que lo sostenían a día de hoy. ¿Eran judíos? ¿Compartían una parte de su historia? ¿No sabían nada? ¿Ante quiénes me disponía yo a contar esta historia maldita?

Me deslicé entre las personas que aguardaban en la entrada del cementerio el inicio de la ceremonia y las instrucciones de las pompas fúnebres. El hijo de Sarah no había llegado todavía, así que decidí esperar con los primeros en llegar, como si fuese una mera conocida, para poder observarlos. El grupito iba en aumento cada minuto que pasaba. Algunos parecían conocerse e intercambiaban banalidades. Otros esperaban en silencio. Nadie me preguntó nada.

Por fin se nos acercó el maestro de ceremonias, que seguramente acababa de obtener la autorización de inhumar: «Para los que vienen a despedirse de la señora Marchand, ya pueden acercarse al lugar de la sepultura».

El grupito se puso en movimiento y yo tardé aún unos segundos en rendirme a la evidencia: me había equivocado de cortejo fúnebre.

Me había colado en el entierro equivocado y no pintaba nada allí, a menos que me empeñara en contar a aquellos desconocidos la historia de Sarah y darla a conocer a otros deudos que ya bastante tenían con su propia congoja.

El hijo de Sarah llegó mucho más tarde, cuando el ataúd que yo había hecho amago de seguir seguramente estaba ya bajo tierra. Lo vi entrar en el cementerio y, como es natural, no dije ni una palabra acerca del «primer entierro» de su madre.

Vino directo hacia mí y me dijo: vamos. Entonces hizo una seña a los empleados de las pompas fúnebres. Nuestro cortejo, el de verdad, se puso entonces en marcha, despacio. Lo bastante despacio para que yo comprendiera que a aquel entierro solo asistiríamos él y yo.

El hijo de Sarah vino solo. Completamente solo.

«No somos religiosos, pero ella hubiera querido un kadish», me había dicho la víspera. ¿Ignoraba él que para recitar esa oración es necesario que haya al menos diez personas, lo que se denomina un *minyán*? No dije nada y caminé a su vera hasta el lugar de la inhumación.

En la tradición judía, el kadish no designa solo la oración de los deudos, sino también a la persona que debe recitarla para ellos. Un padre o una madre pueden perfectamente presentarte a su hijo con estas palabras: «Este es mi kadish», es decir, esta es la persona que lo recitará algún día al pie de mi tumba.

Así fue como me encontré a solas frente al «kadish» de Sarah.

El féretro se encontraba entre nosotros dos en el sendero del cementerio, a pocos pasos de una sepultura abierta, y nuestras caras se miraban de frente. A un lado estaba el hombre que el día anterior me había contado todo lo que sabía de su madre. Al otro, yo era la persona que iba a repetírselo de vuelta.

Y yo, que había previsto dirigirme a más gente, a un grupo de hombres y mujeres que a través de mis palabras pudieran llegar a conocerla, que creía haber «preparado» un bonito homenaje —ridícula vanidad—, me limité a hablar de aquella mujer a la persona que me había confiado todo lo que yo sabía de ella.

Me dirigí al hijo para explicarle a su madre. Le hablé del mundo de antes, los duelos y la hija arrebatada, una vida por reconstruir y una palabra imposible. Retomé sus palabras con mi voz, las traduje a mi idioma para hacérselas oír de otra manera.

Creo que aquel día, mejor que en ninguna otra ocasión, comprendí mi papel y para qué sirve un oficiante en un cementerio. Acompañar a los dolientes no para mostrarles algo que no supieran ya, sino para traducirles aquello que te han contado para que ellos puedan oírlo también. Y asegurarse así de que el relato que ha salido de sus labios regresa a sus oídos a través de una voz que no es la suya, o no del todo, una voz que pone en diálogo sus palabras y las de una tradición ancestral, transmitida de generación en generación, a los «buenos» y los «malos» judíos, y sobre todo a los que hacen lo que pueden.

Y aquí estamos otra vez. Las palabras de la tradición que proporciona el rabino, por haber sido transmitidas de generación en generación, *midor ledor*, tienen la capacidad de reconstruir los cestos añadiendo mimbres.

De pronto, la historia de un hombre o de una mujer recibe un pequeño remiendo gracias a la escucha renovada de sus herederos. Eso es exactamente lo que se trama al pie de una sepultura.

Aquel día le conté a un hombre quién había sido su madre, incapaz de inventar nada que no fuera lo que él me había comunicado. Y sin embargo, no sabría explicarlo, pero fue como si ante nosotros se hubiera enunciado otra historia distinta.

El hijo de Sarah avanzó hacia el ataúd y acarició con la mano la madera que cubría a su madre. Lloró largo rato, y fue entonces cuando me dijo: «¡Qué vida tuvo!». Ignoro en qué medida acababa de descubrirlo.

Después de aquello nos quedamos allí mucho tiempo, en silencio. No le pregunté al hijo de Sarah por qué había acudido solo, dónde estaban sus hijos, ni por qué no había considerado oportuno que asistieran al entierro de su abuela. No hacía falta preguntar. Lo sabía muy bien porque en el pasado yo también había sido una de esas hijas.

Mientras cumplía con mi función de rabina simplemente olvidé hasta qué punto la historia de Sarah me resultaba familiar. Hasta qué punto era también la mía, o más bien la de otra Sarah, mi abuela.

Una joven judía de los Cárpatos deportada a Auschwitz-Birkenau con un hijo al que no volverá a ver, una superviviente emparedada en el silencio que después de la guerra dará a luz a mi madre y mi tía, y no contará nada de su historia ni de su vida anterior, sobre todo a sus hijas, que para sobrevivirla mirarán para otro lado y a su vez no contarán nada de esta historia a su descendencia y harán como si el cesto pudiera resistir, aun desgarrado, y conservar una forma más o menos aceptable.

Cuando mi abuela murió, me dejaron al margen. No fui a su entierro. Yo tenía doce o trece años, y ni por un segundo se planteó que asistiera. No debía conocer la historia, y se decidió que su kadish se recitaría en ausencia de sus nietos y nietas. Ignoro cuántas personas rodearon a mi madre aquel día. Ni hablar de que yo formara parte del cortejo, ni de que yo misma exigiera participar.

Mi madre nos tenía prohibido entrar en cementerios. Antigua superstición askenazí: no acercar a los niños a la muerte. Supongo que así imaginan mantenerla a una distancia hermética.

Recuerdo que, siendo yo muy pequeña, la señora mayor que a veces nos cuidaba tomó un día la iniciativa de llevarnos a mi hermano y a mí a poner flores a la tumba de su marido, junto a una iglesia, en el pueblecillo donde el hombre descansaba en paz. Me encantó aquel rato que pasamos llenando un balde para luego verter el agua sobre una tumba y sacarle brillo al mármol y a la foto de un anciano. Cuando mi madre se enteró, se puso hecha un basilisco. Creo que no volví a ver a nuestra cuidadora.

Tantos años me mantuvieron alejada de la muerte que no puedo evitar pensar que las horas que ahora paso en estrecho contacto con ella, junto a las lápidas de mármol grabado, no son ajenas al hecho de que otros intentaran protegerme de ella. A veces creo que a los cementerios que recorro con tanta frecuencia vengo a buscar algo que nunca encontraré: la posibilidad de asistir a un entierro al que no me invitaron, el de mi abuela, y exclamar, por fin, «¡Qué vida tuvo!».

Al salir del cementerio el día del entierro de Sarah invité a su hijo a acompañarme para hacer lo que hacen los «buenos judíos»: lavarnos las manos antes de abandonar el lugar.

Es decir, simbólicamente, separar los espacios, los de la muerte y los de la vida, y dejar allí lo que el Talmud denomina la impureza de los cadáveres.

Es una acción, por supuesto, muy simbólica. Los muertos siempre vienen con nosotros, y si se quedaran en los cementerios lo sabríamos. La vida y la muerte no están herméticamente separadas, y el agua que corre no impermeabiliza nuestras vidas del duelo.

A veces me parece que es todo lo contrario: que, como un cesto sumergido en agua, esas abluciones encogen la urdimbre y nos dicen que así estrecharemos los vínculos con las personas que nos dejan. De generación en generación.

Marceline y Simone
«El día del Juicio»

Marceline se describía a menudo como una «chica de Birkenau». Cuando empleaba esa expresión no se refería a los millones de mujeres que, como Sarah y mi abuela, habían conocido el campo y sobrevivido a su infierno. Creo que más bien evocaba a algunas, las que le parecían hechas de su misma pasta, y más concretamente a una de ellas: su amiga Simone.*

La expresión siempre me sorprendía. Decía «las chicas de Birkenau» como quien diría «las chiquillas de Ménilmontant», «las señoritas de Rochefort», o como quien designaría un club de lo más selecto. Ese desfase de registro era la marca de fábrica de Marceline. Había optado por no estar jamás donde se la esperaba, ni en sus palabras, ni en sus ideas políticas, ni siquiera en su melena, que proclamaba su disidencia.

---

* Habla Horvilleur en este capítulo de la cineasta y escritora Marceline Loridan-Ivens y de la abogada y exministra de Sanidad Simone Veil. *(N. de la T.)*

Su cabellera pelirroja y revuelta revelaba una desenvoltura que se pasaba por el forro al mundo entero, a los dogmáticos, a los conservadores y hasta a Dios. Sobre todo a Él, en quien no creía y al que reñía con frecuencia.

Me llamaba «mi rabina». Solíamos contarnos chistes judíos muy conocidos que ambas fingíamos oír por primera vez. Por ejemplo: *Esto son dos supervivientes de los campos que están haciendo humor negro sobre el Holocausto. Dios, que pasaba por allí, los interrumpe: «Pero ¿cómo os atrevéis a bromear con tamaña catástrofe?», y los supervivientes le dicen: «¡Tú qué vas a saber, si no estabas allí!».*

Marceline era una gran teóloga, capaz de disertar con el cigarrillo entre los labios acerca de la ausencia de Dios en Auschwitz, el orgasmo femenino y las virtudes del vodka; una única y misma conversación sobre el componente sagrado de la vida.

Además, era amiga de Simone. La fuerza extraordinaria de lo que las unía no solo se sustentaba en los recuerdos inenarrables del infierno compartido, sino también en todo lo que parecía oponerlas. El moño prieto de una y las crines salvajes de la otra hablaban de ellas de una forma casi caricaturesca. Sus compromisos políticos y sus estilos de vida estaban en las antípodas. El sentido absoluto del deber, la constancia y la vida familiar de una; la libertad total, política y amorosa, el rechazo a ser madre de la otra.

En el documental que David Teboul dedicara a Simone Veil* hay una escena inolvidable: las dos mujeres, como

---

* *Simone Veil, une histoire française*, David Teboul, 2004.

dos polos opuestos que se atraen, conversan encima de una cama como chiquillas, imantando a los espectadores.

Su amistad se convirtió tanto para mí como para mucha gente de mi generación en algo más que un modelo: en un estandarte. ¿Fueron ellas conscientes de lo que nos enseñaron?

Para mí, Simone y Marceline son los rostros de lo que hoy en día se designa con el término un poco devaluado de «resiliencia». Para la nieta de supervivientes mudos que era yo, Simone y Marceline encarnaban la posibilidad de retomar la palabra, de contar sin rebozo no solo lo que ellas habían vivido sino lo que cada cual había escogido hacer con ello. Los compromisos de Simone y Marceline, políticos, cinematográficos o amorosos, me enseñaron lo que significa «volver a levantarse» y, sobre todo, cómo permitir que otros hagan lo propio. Decían: esto es lo que nos ha pasado a nosotras, pero recordad que no somos «solo» lo que nos pasó. Y no únicamente eso, sino que somos capaces a pesar de todo de emprender una forma de reparación del mundo, lejos de competiciones victimistas que en nombre de los sufrimientos padecidos dan carta blanca para vocear la propia rabia.

Me pareció que a través de ellas dos se narraba también la condición femenina, en sus decisiones complejas y sus dilemas. Me he dicho a menudo que hay que saber ser las dos a la vez, Simone y Marceline, una mujer de deber y de libertad, tratar de encarnar el poderío del compromiso sin renunciar a la autonomía. A veces, en mi cabeza, ambas se pelean.

Simone le dice a Marceline: Compórtate, haz lo que tengas que hacer y procura ser útil. Y Marceline replica: Libérate primero de esas gilipolleces y ama con locura. Simone se lleva el gato al agua con mucha frecuencia. Pero la feminista Marceline ríe por lo bajini y sabe que todavía no ha dicho la última palabra.

Recibo muy a menudo mensajes de mujeres que han hecho un gran hueco en ellas para alguna de las dos, y que imaginan haberse liberado de la otra. Yo intento prevenirlas, con más o menos suerte: «¡No se crea que se librará tan fácilmente de las chicas de Birkenau! Nadie conseguirá jamás hacerlas callar».

En los cuentos infantiles suele haber una o varias hadas que se inclinan sobre la cuna de un recién nacido para formularle un deseo o concederle un talento. Muchas veces he pensado que Simone fue una de esas hadas para las mujeres de mi generación, y que se inclinó sobre nuestras cunas murmurando una potente promesa. Yo nací en noviembre de 1974, justo cuando su voz pronunciaba en la Asamblea Nacional un compromiso solemne.

«En primer lugar, me gustaría compartir con ustedes una convicción femenina», dijo, antes de añadir: «Y pido disculpas por hacerlo ante una Asamblea compuesta casi exclusivamente de hombres».

Érase una vez una mujer que interpelaba a los parlamentarios pidiéndoles presuntas disculpas, aunque, lo sabemos perfectamente, se dirigía a todas nosotras. Decía a las niñas del futuro que a partir de entonces ninguna de ellas tendría que pedir perdón por ser quienes quisieran ser. Ese regalo que recibimos en forma de promesa de emancipación nos convertía en mujeres libres de elegir los tiempos de una vida, más allá de las asignaciones biológicas o los mandatos de maternidad.

El 30 de junio de 2017, día de la muerte de Simone Veil, se me vino a la memoria una leyenda yidish muy antigua, la historia poco conocida de una tal Skotzel. Su nombre ronda unos relatos ancestrales que, naturalmente, se intentó ocultar a las niñas. ¡Demasiado subversivo!

Skotzel no era un hada sino un ser humano casi como los demás.

Cuenta la leyenda que un día las mujeres de su generación, cansadas de las injusticias de las que eran víctimas y en busca de la emancipación, decidieron nombrar a una portavoz y enviar a esta representante a defender su causa ante el mismísimo Eterno.

Eligieron a la más erudita y la más elocuente, Skotzel, para que ejerciese de abogada ante el Todopoderoso. Todas las mujeres de la Tierra se encaramaron unas sobre los hombros de las otras y formaron una gigantesca pirámide humana para intentar llegar hasta el cielo. A Skotzel la pusieron en la punta de aquel andamio humano.

Por desgracia, al pie de la construcción alguien perdió el equilibrio por un segundo y en su caída se llevó por delante a todas las demás. Una vez recompuestas, y tras asegurarse de que ninguna hubiera resultado herida, descubrieron con estupor que Skotzel había desaparecido.

La leyenda asegura que, desde aquel incidente, la abogada de las mujeres sigue en pleno alegato frente a Dios, pero que algún día volverá y entonces todo será diferente. Su regreso anunciará tiempos nuevos, una igualdad por fin conquistada. Así, cada vez que una mujer entra inesperadamente en una habitación, se la recibe con estas palabras: *Skotzel kumt!*, «¡ha llegado Skotzel!». Quién sabe, ¡quizá por fin haya vuelto y traiga buenas noticias!

Le conté esta leyenda a Marceline cuando Simone murió. Le dije que nuestra Skotzel, nuestra abogada erudita y elocuente, la que con tanto talento había defendido nuestra causa ante los hombres en la Asamblea Nacional, se había marchado para representarnos ante el tribunal celeste. Marceline y yo estuvimos de acuerdo: Simone haría picadillo a los abogados de la otra parte, y enseguida volvería para darnos la noticia.

Los hijos de Simone, Jean y Pierre-François, me llamaron cuando se estaban organizando las exequias de su madre. El homenaje nacional se celebraría en el patio de los Inválidos, y posteriormente habría una ceremonia religiosa en el cementerio de Montparnasse. «Habrá que recitar el kadish ante mi tumba», había dicho su madre. Me preguntaron si aceptaría hacerlo con ellos, y con el Gran Rabino de Francia. Les parecía importante que la palabra de una mujer pudiera completar su oración.

La mañana del sepelio de Simone Veil, Marceline y yo cogimos sitio juntas en el patio de los Inválidos. Marceline llevaba, como siempre, unas alhajas enormes que ella llamaba «mis collares *balagán*»,* anillos y broches

---

* «Follón» en hebreo.

con formas animales. La vida titilaba en ella por los cuatro costados; sus piedras brillantes y sus colores ahuyentaban lo macabro. Cuando resonó la música y entró el ataúd, llevado por la guardia republicana, Marceline me dio un codazo y me dijo con mucho orgullo: «¡Es mi amiga!». Eso en su idioma también quería decir: «¡A la mierda la muerte!». Y, en el mío: «*Lejaim!*».

Jean y Pierre-François Veil rindieron un homenaje magnífico a su madre, cargado de admiración y de sentido del humor. Contaron que un día, al sorprender Simone a uno de ellos haciendo a la mesa unos comentarios que ella juzgó misóginos, ni corta ni perezosa le derramó por la cabeza la jarra de agua de la cena al infractor, para refrescarle las ideas.

Luego, el presidente de la República empezó a pronunciar su discurso y al cabo de unos minutos la chica de Birkenau me preguntó: «Oye, ¿tú crees que pasará algo si me fumo un porrito?». Nos tronchamos de risa, como dos criaturas, sobre todo Marceline, que a pesar de todo era mucho más joven que yo. Ella sostenía que una conserva para toda la vida la edad del trauma y, como la detuvieron con quince años, ahí se había detenido el cómputo de sus años. La adolescente rebelde ya nunca más la abandonó.

A nuestro alrededor, en el patio de los Inválidos, algunas mujeres nos miraban mal y fruncían el ceño en nuestra dirección; creo que la presencia de Simone era muy fuerte en ellas. Marceline seguía haciendo como si no la oyera.

Al final de su alocución, Emmanuel Macron anunció que Simone Veil entraría en el Panteón, y Marceline, toda sonrisas, aplaudió con estrépito. «Cómo me alegro por ella», me dijo, antes de añadir: «Te lo advierto, a mí que no me metan en el Panteón. Tiene que ser un muermazo tremendo».

Más tarde, en el cementerio de Montparnasse, tomó la palabra para contar que su amiga era la más «cañona» de todas, la más guapa de las «chicas de Birkenau», y que su encanto había surtido efecto sobre todo el mundo y a lo largo de toda su vida. Al pie de la tumba, sus hijos recitaron entonces el kadish, rodeados, tal y como habían deseado, de dos rabinos, un varón y una mujer, que enunciaron con ellos las palabras de esa oración ancestral.

«Itgadal veitkadash shemé rabá...»
El kadish no es la oración de los muertos, al contrario de lo que muchos creen. Es una liturgia que no habla ni de desaparición ni de duelo, sino que alaba a Dios, lo encomia y enumera en forma de larga letanía todos los aspectos de Su grandeza.

«Veitadar veitalé veitalal...»; «Bendecido, alabado, glorificado y exaltado...»
Al oído suena como un mantra de sonoridades muy repetitivas, de palabras murmuradas en una lengua que no es hebreo, sino arameo.

Según la leyenda, los ángeles, heraldos del divino, tienen el poder de interceptar todas nuestras oraciones para trasladarlas hacia las esferas celestes. Serían capaces de comprender todo lo que la humanidad formula, en todas las lenguas y dialectos que pueblan la Tierra, a excepción de una: el arameo. Esa lengua no la dominan, vaya usted a saber por qué.

Si nuestra oración aramea no puede ser interceptada, eso significa que puede llegarle directamente al Creador. Esta pequeña historia, entre tantas otras, contribuye a dar al kadish un estatus aparte, el de una plegaria casi mágica.

Otras leyendas talmúdicas le confieren extraños poderes y afirman que constituye la liturgia ascensional más potente. Recitar el kadish en memoria de un desaparecido contribuiría a la rápida elevación de su alma, propulsada hacia las alturas sublimes de la reunificación con su Creador.

Hay también otra explicación, más prosaica, para el uso del arameo en esta oración. En tiempos de los rabinos del Talmud, el arameo era la lengua que todos o casi todos comprendían, y era necesario que la plegaria de los deudos estuviera al alcance de todo el mundo, que constituyera una liturgia participativa y democrática, las palabras de un duelo que nadie pudiera confiscar.

El judaísmo no conoce clero, y en principio todo lo que un rabino ejecuta puede hacerlo y enunciarlo cualquier otro. El rabino no es más que una persona cuya erudición reconoce la comunidad, que lo escoge como guía, pero de ningún modo el rabino o la rabina ejerce de intermediario entre Dios y los hombres.

Cualquiera debe poder recitar el kadish... excepto... según algunos...

En el seno del universo judío ortodoxo, algunos consideran que la recitación de esta oración es una prerrogativa exclusivamente masculina, y que una mujer ni puede ni debe formularla. Los más conservadores insisten en ver en ello una transgresión de primer orden, la usurpación por parte de la mujer de un lugar que no debería apropiarse.

Aquel día, tras recitar el kadish a petición de la familia Veil junto al Gran Rabino de Francia, descubrí que un gran portal judío de noticias de perfil ortodoxo publicaba en portada, con el titular «DESINFORMACIÓN», una noticia de vital importancia: «No, al contrario de lo que han escrito los medios nacionales, la "rabina" Horvilleur no recitó el kadish». Al parecer, era urgentísimo poner mi cargo entre comillas y acallar para la posteridad tanto la legitimidad de mis funciones como la idea de que se hubiera cometido tamaña transgresión. Sobre todo, no sentar precedente.

La anécdota me habría robado una sonrisa si no se hubiera producido el día del entierro de una mujer famosa por su lucha. Eclipsar la voz femenina junto a la sepultura de Simone Veil brindaba la demostración magistral de la actualidad de sus luchas.
    Si desde la tumba hubiera querido enviarnos ese mensaje, ¿habría actuado de otra manera? Simone Veil sabía que la lucha por los derechos de las mujeres es infinita y que nada puede darse nunca por sentado. En no pocas ocasiones demostró que, para llevarla a cabo, había que saber derramar «jarras de agua fría» sobre las cabezas de sus detractores, para que no la tomaran por idiota.
    Hasta la tumba, Simone «compartió con nosotros una convicción femenina», e incluso más allá de su vida, al hacer resonar en el cementerio un kadish en el que todas y todos tenían cabida. Una oración a imagen de lo que fueron sus luchas.

Me parece que todavía hoy, en esas asambleas que fueron durante mucho tiempo exclusivamente masculinas —algunas, de hecho, siguen siéndolo—, las del mundo político, las del mundo religioso y las de todas esas *nowoman's lands*, Simone Veil nos invita a aventurarnos sin renunciar a nada. En mi camino hacia el rabinato resonó su voz. Y sigue resonando cada vez que se pone en duda la posibilidad o la legitimidad de que una mujer se sitúe donde se sitúa.

Un año más tarde, Marceline estaba frente al Panteón para ver entrar a su amiga. La Patria podía estar agradecida a una chica de Birkenau. Fue justo antes de que ella misma hiciera mutis con un estilo inimitable, en un juego de manos deslumbrante, digno de los prestidigitadores más talentudos. ¡Marceline a lo grande!

El mago deslumbra a los espectadores con una ilusión casi perfecta cuando hace aparecer o desaparecer un objeto. Abracadabra... Todo el mundo conoce esta palabra, es como una convención, a pesar de que la mayoría de la gente ignora que es un término arameo.

En esta lengua, *abra* significa «hizo» y *cadabra* «lo que dijo». «Hacer lo que se ha dicho» es lo propio de la palabra performativa. El verbo crea una realidad que no le preexistía. Con una palabra, el mundo cambia.

El judaísmo tiene de esto una conciencia aguda, como atestiguan sus ritos y no pocas circunstancias, muy especialmente en una fecha que lo recuerda de forma solemne y evoca el poder de la palabra, su capacidad para cambiar el mundo, para hacer vivir y hacer morir.

Ese día, casi por arte de magia, los judíos se reúnen en masa en las sinagogas para contarse esta historia. Incluso los que nunca acuden a lugares de oración, los que jamás irían a la sinagoga el resto del año, se dan cita para ser lo que a veces se denomina con un deje peyorativo «judíos de Kipur». Pronuncian entonces en arameo las palabras de la plegaria judía más célebre del día del gran perdón. Un abracadabra sin igual llamado Kol Nidrei.

«Kol nidrei, vesarei, vejarame, vekuname...»
El ritual siempre es el mismo. Un tribunal se reúne simbólicamente cuando cae la noche y todo el mundo es convocado para reconocer ante él sus faltas y tratar de obtener el perdón. La melodía es conmovedora y el texto invita a que cada judío reconozca hasta qué punto sus palabras han sido vanas y sus promesas fútiles. Se abre un juicio público y todos se declaran culpables.

El 18 de septiembre de 2018, la noche de Yom Kipur, mientras las palabras del Kol Nidrei resonaban en todas las sinagogas y millares de personas acudían a ellas, Marceline optó por hacerle una peineta a la convocatoria judicial. Y en una habitación de hospital, donde sus amigos le hacían escuchar a distancia las primeras notas de la entrada en el tribunal, dijo a su manera: «¡Conmigo no contéis!».

Yo no estaba a su lado aquella noche porque estaba cantando esas palabras para los reincidentes que todos jugábamos a ser, pero, si hubiera podido, le habría contado por última vez este chascarrillo que tanto nos hacía reír:

Un día de Yom Kipur, el rabino se da cuenta de que en el fondo de la sinagoga hay un hombre solo que se revuelve y parece discutir con alguien. El rabino se acerca y le dice:

—Pero, bueno, ¿con quién hablas?

Y el hombre contesta:

—Estaba en conversación con el Eterno. Le he dicho: quiero pedir perdón por lo que he hecho, pero, sinceramente, no he hecho nada lo que se dice malo. Tú, en cambio, Dios... Mira el mundo, cuánto sufrimiento, cuánto dolor, las catástrofes que se ciernen sobre nosotros. ¡Eres tú, Dios, el que tiene que pedirnos perdón!

El rabino le pregunta:

—Y ¿cómo ha acabado la conversación?

Y dice el otro:

—Pues muy fácil, le he dicho a Dios: «Yo te perdono a ti, tú me perdonas a mí ¡y en paz!».

Y entonces el rabino se enfurece y exclama:

—Pero ¡serás mendrugo! ¿Cómo dejas que Dios salga tan bien parado?

Igual que el rabino de este chiste, Marceline sabía perfectamente que en la tradición judía se deja un espacio inmenso a la desfachatez, a lo que en hebreo se conoce como *jutzpá*. El hombre, incluso en el día del juicio, puede pedir cuentas al Juez y, en lugar de dejar que salga tan bien parado, guardarle rencor por su falta de compasión. E incluso en la noche del Kipur, en la confesión de los hombres que rezan para que se les conceda una prórroga de vida, puede celebrarse otro juicio, y llamar al banquillo de los acusados al divino en persona.

Sé que este cuestionamiento de Dios es contrario a muchas teologías tradicionales. Algunos lo juzgarán blasfemo. Les parecerá en las antípodas de la idea de un Dios lleno de amor cuyos caminos, necesariamente bondadosos, nos resultan inescrutables. Pero esa frescura goza de una posición legítima en la tradición judía, junto a muchas otras voces. Abundan los textos y los relatos que convocan esa audacia y llegan a aludir a la responsabilidad divina en sus incumplimientos frente a una humanidad que con todo el derecho puede rebelarse contra Él por no respetar los términos de un contrato, no asistir a un pueblo en peligro o ser cómplice de asesinato.

Bien lo sabía la «chica de Birkenau», ella que tantos motivos tenía para pedirle explicaciones. ¿Qué mejor momento que una noche de Yom Kipur para decidir ir a decirle un par de cosas bien dichas, rehusar la convocatoria y citar a Dios a declarar? Al imaginar a Marceline ante la corte celeste el día de su Juicio último me pareció que Dios, efectivamente, se exponía a no salir nada bien parado.

En el tribunal celeste del más allá había ahora dos fiscalas: una que defendía la causa de las mujeres y otra que ejercía de portavoz de una humanidad asesinada.

Algunos dirán que ni Simone ni Marceline creían en ese más allá, y que ante dicha eventualidad las dos habrían reaccionado encogiéndose de hombros (o fumándose un porro, según). Yo no tengo la menor idea. En lo que respecta a Marceline y su ateísmo convencido, he tenido mis motivos para dudar.

Pocos meses antes de su muerte la hospitalizaron a raíz de una indisposición.

Tras un largo periodo en coma, y contra todo pronóstico médico, volvió con nosotros. Fui a visitarla en compañía de una amiga común, Audrey. No me esperaba que nos hablara de un modo tan literal de su regreso a la vida, de cómo la muerte no había querido saber nada de ella.

Nos sentamos en su cama y hablamos de mil cosas, maldiciendo el sentido común y sus leyes, que prohíben encenderse un cigarrillo en una habitación de hospital. Como siempre, nos hartamos de reír, y luego Marceline anunció que quería darnos «en exclusiva» los detalles de su reciente viaje, antes de añadir que ese sería seguramente el tema de su siguiente libro: «¡Figuraos que estando en coma los vi! Vinieron a buscarme para llevarme al país de las tablas».

Ante nuestras miradas dubitativas, añadió: «Simone estaba allí con ellos, ella fue la que al final me trajo de vuelta, diciéndome que todavía no era el momento».

De modo que le debíamos su regreso a Simone. Pero ¿quiénes eran los que fueron a buscarla, y qué aspecto tenía ese «país de las tablas» al que querían llevarla?

Pensé en todos los relatos de la mística judía que cuentan que el día de nuestra muerte alguien viene a buscarnos. Allegados que nos guían hacia un más allá, «ángeles» o seres queridos que acompañan nuestra salida de este mundo. El judaísmo no es la única tradición en la que circulan estas historias.

Presencia real o alucinada, fenómeno paranormal o

efecto de una hipoxia cerebral, qué más da. Marceline sabía que no estaba sola en ese coma que casi se la lleva por delante. Y entre su escolta celeste se encontraba, cómo no, la otra chica de Birkenau, que había tenido a bien hacerle una breve visita antes de traerla de vuelta porque todavía no le había llegado su hora.

De nuevo, la muerte no había querido saber nada de Marceline.

En la tradición judía, y más concretamente en la Biblia, se cuenta que muy contadas criaturas pueden escapar a la muerte, como si dispusieran de una inmunidad peculiar.

Entre ellas se cuenta un célebre profeta llamado Elías, que desaparece en medio de un torbellino de fuego. La Torá no hace ninguna alusión a su muerte, solo a esa elevación misteriosa, y por ello los comentaristas concluyen que se marchó sin morir, milagrosamente.

De ahí que, según la leyenda, regrese tan a menudo a visitarnos: es capaz de resurgir en un mundo que nunca llegó a abandonar del todo. Lo reciben cada noche de Pésaj todas las familias en las que se conmemora la salida de Egipto. Abren la puerta para él y se preocupan de llenar su copa de vino sobre la mesa, como quien sirve una para un visitante muy esperado. Se cuenta también que aparece en todas las circuncisiones de los bebés, en cada generación, a través de la historia. Al parecer, está invitado a ser testigo de la renovación de la Alianza, de la llegada de una criatura que, a diferencia de él, algún día morirá pero antes podrá vivir.

Allá donde se aparece, Elías observa la manera en que, a pesar de todo, y especialmente a pesar de la muerte que tanto los ha rondado, los judíos siguen escogiendo la vida. Acude a dar fe de ello desde el lugar de honor que se le reserva, y donde quiera que se acomode pasa a ser el primer espectador de una transmisión sagrada.

El día de mi visita al hospital me pareció que Marceline era la heredera del profeta, que estaba inmunizada como él contra la muerte y se le había encargado la misma misión: estar por siempre presente a nuestro lado, testigo de todos los *lejaim* de la Historia.

Tuve la sensación de que ostentaba el poder eterno de escapar a lo macabro, y de que lograría no incorporarse jamás a aquello que tan curiosamente ella misma había dado en llamar «el mundo de las tablas».

¿A qué tablas asociaba Marceline la muerte? ¿Se refería a las de madera que construyeron los ataúdes de tantos de sus amigos? ¿Aludía a las *koje* de Auschwitz, esas literas inmundas que la muerte visitaba cada noche?

Marceline tenía previsto explicarlo en su siguiente libro. Nos lo había prometido. Pero al irse «con los pleitos a otra parte» nos deja con el misterio, seguramente, como solía hacer, mascullando un: «¡Anda y apañáoslas!».

Al escribir este homenaje a Marceline, intentando «apañármelas» con su partida, me siento yo también acompañada.

Ella me escolta de mil maneras, y sé que no soy la única que experimenta esa sensación. Muy a menudo en los últimos años me he topado con gente, sobre todo mujeres, que me ha confiado hasta qué punto su conversación con Marceline estaba lejos de haber terminado.

No conozco a nadie capaz de dialogar con tantas personas *post mortem*.

Justo antes de escribir estas páginas he llamado a Audrey para preguntarle si, como yo, se acordaba alguna vez de nuestra visita a Marceline en el hospital. Ella tampoco ha olvidado nada de nuestra extraña conversación. Después de colgar, me ha mandado una entrevista a Marceline que ha encontrado por casualidad en una revista femenina: «En el campo, donde para sobrevivir cada cual va a lo suyo, hubo momentos de solidaridad muy intensos. Como el día que me atacaron unas fiebres horrorosas. Cerca del sitio donde cavábamos zanjas, mis amigas me escondieron en un agujero que taparon con una tabla y así pude descansar».*

A Marceline la escondieron bajo tierra un día para que siguiera con vida, cuando la muerte la andaba buscando. Al otro lado de una tabla, o sea, por encima de una sepultura que la salvaría, un grupo de mujeres la cuidaba. Aquel día, gracias a ellas, Marceline pudo resucitar y tal vez se prometiera mantenerse mucho tiempo bien lejos del mundo de las tablas y sus terrores.

Siguió viva gracias a las mujeres que la salvaron. Y ella a su vez salvó a otras. A cada una de ellas les pidió que vivieran y amaran.

Fuimos todas conscientes de ello aquel 21 de septiembre de 2018, en el cementerio de Montparnasse, cuando la enterramos para que pudiera descansar para siempre.

---

* «Simone Veil, ma jumelle contradictoire», *Marie-Claire*, mayo de 2018.

El hermano de Isaac
«Caer en la pregunta»

Le dijeron: «Ha venido la rabina y quiere hablar contigo. Podrás hacerle todas las preguntas que quieras, que ella te las responderá».

Yo sabía perfectamente que aquello no era verdad, y que yo no tendría ninguna respuesta válida que ofrecerle para los sinceros interrogantes que él se atreviera a formular.

¿Quién puede dar respuestas a esas preguntas infantiles enunciadas de un modo que ningún adulto se permitiría, preguntas como por qué había muerto su hermanito pequeño, por qué había tenido que pasarle a él y cuándo iba a dejar de llorar su madre?

El entierro se celebraría al día siguiente; yo sabía que urgía contarle lo que íbamos a hacer, hablar con él antes de que se viera ante una cajita que contenía —tendría que fiarse «de nuestra palabra»— a su hermano Isaac. Pero ¿qué vale nuestra palabra de adultos, cuando tan a menudo decimos «estaremos aquí para protegerte» y «cuenta con nosotros, nada malo te puede pasar»?

Sus padres no sabían si llevarlo a la ceremonia; consideraban que no era sitio para él. Quizá fuera mejor dejarlo en casa, mantenerlo apartado del cementerio. Pero él, con apenas ocho años, estaba decidido a ir.

El hermano de Isaac no había llorado. Y cuando entré en el salón donde estaba viendo la tele, sus ojos no parpadearon. Casi no me miró. Parecía extremadamente concentrado y se limitó a asentir cuando le pregunté si podía sentarme a su lado.

Los dibujitos se llamaban *Lego City*. Todo un mundo de piececitas montadas unas encima de otras se agitaba en la pantalla, versión animada de esas figurillas con las que todos hemos jugado de niños. Cuadrados y rectángulos que se pegan y despegan, que crean formas de ángulos definidos, que pueden cambiar de cabeza o de cuerpo a nuestro antojo y nos ayudan a contar historias.

La suya, la historia de ellos, se había interrumpido brutalmente la víspera, y el mundo se había desmoronado a su alrededor.

No solo su mundo, el de la familia o el de los allegados, sino el mundo entero. Es lo que provoca la muerte de un niño: el desmoronamiento del mundo para cada uno de nosotros, la conciencia colectiva de un caos inefable en el que se sume la humanidad bajo la apariencia de unos padres cuyo porvenir se transforma en pasado en un abrir y cerrar de ojos.

El pequeño Isaac había dejado de respirar. Y nada de lo que se pueda decir podría empezar a describir siquiera el apocalipsis al que habían asistido los padres. Poco a poco, el piso se llenaba de familias, de gente cercana, de amigos que no sabían qué decir.

Independientemente de la identidad del ser querido

que hayan perdido, siempre advierto a los dolientes de que tendrán que prepararse, además de para el dolor, para vivir un fenómeno peculiar: la vacuidad de las palabras y la torpeza de quienes las pronuncian. Las personas que visitan durante el duelo o intentan acompañar suelen decir tonterías y a veces hasta disparates, creyendo que son un consuelo o un alivio. Desde «los mejores siempre se van los primeros» hasta los «al menos ya no sufrirá más» o «sabrás estar a la altura de este trance que os ha caído encima», pasando por muchas otras tentativas de darle un sentido a algo que no lo tiene. Los deudos deben estar preparados.

A veces, colmo de la paradoja, quienes los visitan están tan devastados por la desgracia ajena que acaban siendo consolados por los deudos, que se sorprenden buscando palabras que puedan serenar a unos forasteros. Y de pronto ofrecen pañuelos para enjugar las lágrimas de aquellos que han acudido a brindarles apoyo, de quienes se convierten en improvisados consoladores. Así, trágicamente, se invierten unos roles que la realidad no permitirá intercambiar.

Estas torpezas cargadas de buenas intenciones que la gente despacha a las personas que han sufrido la muerte de un ser querido se multiplican cuando el muerto es una criatura. Porque, en ese caso, cada persona que dirige una palabra debe no solo gestionar su propia incomodidad frente a la finitud sino también enfrentarse al mayor de los terrores humanos: la pérdida de un niño.

Los padres que han conocido este drama coinciden: en el momento en que reciben la noticia, perciben que la tierra no solo se tambalea bajo sus pies sino que el seísmo los expulsa para siempre de un territorio que les daba cobijo y en el que nunca más encontrarán su lugar. De pronto se ven confinados en una isla, desgajados para siempre de la tierra de aquellos a los que se les ha evitado semejante tragedia. Este duelo les dice que a partir de ahora viven fuera del mundo, fuera del tiempo, en un lugar del que nadie regresa. La muerte de un niño te condena al exilio en una tierra que nadie puede visitar aparte de esas personas a las que les ha ocurrido lo mismo.

Y, como todo inmigrante, tienes que descubrir una nueva lengua con la que balbucear. Ninguna de las palabras conocidas puede empezar siquiera a describir lo que vas a tener que vivir.

En francés, como en la mayoría de lenguas, no existe un término que designe a quien ha perdido un hijo. Perder a uno de tus progenitores te convierte en una persona huérfana y perder a tu cónyuge en una viuda. Pero ¿qué se es cuando un hijo desaparece? Es como si, al evitar nombrarla, la lengua creyera poder descartar la experiencia, como si por superstición nos asegurásemos de no hablar de ello para no arriesgarnos a provocarlo.

En hebreo, sin embargo, ese término existe. Un padre que pierde a un hijo se llama *shakul*, palabra casi imposible de traducir. Está tomada del registro vegetal y designa la rama de la vid cuyo fruto ya se ha vendimiado. Un padre doliente se expresa en hebreo mediante una imagen, la de una rama amputada de su fruto, o la de un racimo al que le han arrancado las uvas. La savia circula por él pero ya no tiene adónde ir, y el brote se seca porque un pedazo de su vida lo ha abandonado.

Los padres de Isaac no sabían cómo hablar con su hijo, y les sugerí que le dijeran en unos términos asequibles para él que a todos iban a faltarnos las palabras.

Me acerqué al niño para escuchar sus preguntas, que flotaban a la altura de su mirada refugiada en *Lego City*.

Viendo aquel mundo animado junto a él me pregunté por qué el universo Lego ejercía tanta fascinación, de generación en generación, y me pareció que esas figurillas enunciaban en última instancia unas promesas que la vida nunca es capaz de mantener: la posibilidad de aferrarse o desprenderse sin dolor y, cuando uno lo decide, arrancar sin estropear nada, sin dejar huella de los apegos ni de las fracturas.

Cuando aparecieron los créditos, apagué la tele y le pregunté si le apetecía jugar o hablar. Fue entonces cuando me hizo la pregunta, que parecía tener bien preparada:

«Necesito saber dónde ha ido Isaac. Porque no sé dónde mirar para buscarlo».

Intenté entender qué entendía él por «buscar». ¿En qué dirección pensaban orientarse sus ojos para encontrarlo? Tuve la sensación de que, al igual que el Principito cuando se dirige al aviador, el niño estaba intentando evaluar mi capacidad de adulta para dibujar su dolor.

Y entonces me formuló la pregunta con otras palabras.

«Necesito saber dónde ha ido Isaac. Papá y mamá no me lo saben decir. No se aclaran. Me dicen que mañana lo enterramos y también que se ha ido al cielo. Y yo no lo entiendo: ¿estará en la tierra o en el cielo? Yo necesito saber dónde tengo que mirar para buscarlo.»

Nadie sabe hablar de la muerte, y puede que esta sea la definición más precisa que se pueda dar de ella. Escapa a las palabras porque rubrica precisamente el fin de la palabra. La del que se va pero también la de quienes lo sobreviven y que, en su estupefacción, siempre harán un mal uso de la lengua. Pues las palabras, en el duelo, han dejado de comunicar. A menudo solo sirven para expresar hasta qué punto nada tiene ya sentido.

Se dice entonces «se ha ido», «está en el cielo» o «nos ha dejado»... y el niño, o el lingüista, o el poeta, o sea, cualquiera que atribuya a las palabras el poder que poseen pero que tan a menudo les negamos, capta mentiras en estas fórmulas. El hermano de Isaac captó todo lo que la lengua de los adultos trataba de ocultarle, y me pidió que le tradujera lo que sus padres pretendían evitar decirle.

Con tal de no transmitir a los niños el misterio que encarna la muerte, solemos decir poco menos que cualquier cosa, entrando a veces en contradicción, sin darnos cuenta de hasta qué punto nuestros embustes los sumen en un estado de desconcierto y agravan su soledad. ¿Qué oculta todo lo que no decimos sobre la muerte, enunciando metáforas contradictorias, haciendo reposar a los muertos simultáneamente bajo tierra y en el cielo? ¿Por qué nos negamos tan a menudo a dibujarle al Principito el cordero que él espera de nosotros?

En mi oficio de rabina he sido consciente muchas veces de la impotencia del lenguaje, y he de hacer una confidencia: a veces he sentido celos de algunos colegas, sobre todo de los que en su teología disponen de un lenguaje sólido e inequívoco sobre la muerte. Es el caso, principalmente, de muchos creyentes que brindan sus certezas reconfortantes en el lenguaje de su tradición religiosa. Algunos garantizan que tu alma irá al más allá, que será «recibida por Dios y los ángeles» o los «santos del firmamento», «situada a los pies del trono celeste» o «a la derecha de Dios», «en el reino de los bienaventurados» o «el paraíso de los mártires»... Envidio ese lenguaje del dogma infalible y las creencias sacralizadas.

Yo, rabina, estoy obligada a admitir que mi tradición no brinda un tesoro de respuestas escatológicas del que yo podría tirar. El judaísmo no proporciona una respuesta firme sobre la otra vida a quienes la consideran con preocupación. He perdido la cuenta de las veces en que, durante una conversación sobre la muerte venidera, mi interlocutor me ha preguntado: «¿Adónde iré?», y yo he oído dentro de mí una vocecita que quería responder: «¡Ni idea!».

En lugar de eso, replico con una pregunta digna de la sabiduría rabínica más antigua, ese arte ancestral de responder siempre a una pregunta con otra: «¿Qué cree usted?».

Formulada de otro modo, la pregunta de mi interlocutor es a veces más teórica: «¿Qué dice en el fondo el judaísmo acerca de la vida después de la muerte?». Y aunque a mí me gustaría decirle: «Todo... y su contrario», suelo conformarme con un: «Es un asunto complejo», en un intento por resumir ese lenguaje de ambigüedad por el que ha optado el judaísmo.

Es lo que hay.

La Torá no habla de una vida después de la muerte. Los personajes van muriendo, uno por uno, en el caso de algunos a muy avanzada edad. De Noé a Matusalén, pasando por todos los patriarcas y sus respectivas familias, del día de su muerte solo se dice de ellos que «fueron a reunirse con los suyos»* o que «duermen con sus padres».** Su desaparición simplemente los incorpora al linaje de quienes los precedieron, y abandonan el mundo habitado ahora por aquellos que ellos engendraron.

La historia bíblica es un relato de vidas y descendencias. Por lo demás, la palabra «historia» en hebreo, *toledot*, significa «descendencia». La vida de cada persona se cuenta antes que nada por lo que esta haya hecho nacer.

La Torá no hace alusión al regreso de los desaparecidos, ni al camino que les aguarda después de esta vida, no habla de sus fantasmas ni de su resurrección, de paraíso ni de infierno. Parece desconfiar de cualquier interés excesivo que pudiera suscitar el más allá. Prohíbe recurrir a las artes adivinatorias o al espiritismo. Se opone a todo lo que denomina «las prácticas de Egipto», la tierra que los hebreos abandonaron, como la nigromancia o el embalsamamiento. La construcción de pirámides o de necrópolis suntuosas ni se plantea. El hombre más importante de la Torá, Moisés, no disfruta de una sepultura conocida, y nadie sabe dónde se lo enterró. Imposible, por tanto, acudir a meditar al pie de su tumba, llevarle flores o ir en peregrinación.

---

* Génesis, 35, 29; o Génesis, 49, 33.
** 1 Reyes, 2, 10.

¿Adónde van los muertos? El único sitio al que la Torá hace referencia de forma explícita es un lugar llamado *seol* al que presuntamente descienden los desaparecidos.* ¿Se trata de un territorio, o de un mundo subterráneo? El texto no especifica nada. Sin embargo, la etimología del término es de lo más elocuente. *Seol* procede de una raíz que literalmente significa «la pregunta». Podríamos, pues, enunciarlo así: después de la muerte, cada uno de nosotros cae en la pregunta, y deja a los demás sin respuesta. Ahí te las apañes.

Habrá que esperar a mucho más avanzada la historia, al libro de los profetas, la literatura de los primeros siglos antes de nuestra era, y posteriormente a la interpretación del Talmud por parte de los rabinos para que emerjan en diversos contextos distintos discursos sobre la otra vida.

Donde la Torá insinúa que la muerte es definitiva, otros textos empiezan a asumir más adelante la idea de una resurrección, utilizando fragmentos de la Biblia cuya lectura extrapolan.

Es el caso de un célebre extracto donde un profeta llamado Ezequiel evoca la posibilidad de una resurrección colectiva.** Imagina un Dios que abre los sepulcros para renovar la carne sobre los huesos secos de los cadáveres y devolverlos a la vida: «Yo abro vuestros sepulcros, pueblo mío, y os haré subir de vuestras sepulturas, y os traeré a la tierra de Israel».

---

* Véase Génesis, 37, 35: «Voy a bajar en duelo al *seol* donde mi hijo».
** Véase Ezequiel, 37.

Ezequiel pronuncia su profecía en un contexto histórico peculiar, en el siglo VI antes de nuestra era, tras la destrucción del primer Templo de Jerusalén. Los hebreos están a la sazón exiliados en Babilonia y sueñan con volver a Sión para conocer una resurrección nacional. Esta metáfora del regreso a la vida de los huesos secos es aquí una alegoría política. Pero, interpretado fuera de su contexto histórico, el relato se convertirá en el puntal de otra teología, la promesa eterna de una resurrección de los muertos. Y para los comentaristas bíblicos se está enunciando una redención por venir. ¿Por venir cuándo? ¿Justo después de la muerte? ¿Con la llegada de la era mesiánica? En este punto, las opiniones difieren.

Según el contexto histórico, el entorno cultural y la influencia exterior, el pensamiento judío irá enriqueciendo poco a poco su paleta escatológica y su interpretación de la otra vida para incorporarle elementos de resurrección y hasta de reencarnación que no parecían hallarse en la Torá.

Las huellas de la Historia y de la influencia extranjera sobre el pensamiento judío abundan, sobre todo las que dejó el mundo helénico. La filosofía platónica introduce la idea de una división entre el cuerpo y el alma.

Esta noción dualista está totalmente ausente de la Torá. El hombre se crea durante el Génesis como un pedazo de barro sobre el que Dios sopla para darle vida. La existencia se define mediante esa unión entre la materia terrestre y el aliento divino. Cuando este último se evapora, el polvo vuelve a ser mero polvo.

Para el carro, dicen los sabios en los tiempos de los romanos. A su alrededor se desarrolla un pensamiento dualista que hace del alma una entidad completa, capaz de existir de un modo autónomo. Los rabinos desarrollarán entonces un discurso que toma prestados ciertos elementos de esta filosofía helénica. Y afirmarán de buenas a primeras que el cuerpo regresa al polvo pero que el alma se reencuentra con el Dios que la creó.* En la actualidad, esta frase sigue enunciándose en todos los entierros judíos.

Un poco más tarde, en el momento de la destrucción del segundo Templo, se enfrentan en el seno mismo del mundo judío diversas teorías escatológicas en las antípodas unas de otras. Cada secta judía desarrolla su propia visión de la otra vida. Algunos, como los saduceos, consideran que no hay nada después de la muerte, ninguna resurrección posible. Pero sus oponentes, los fariseos, que creen justo lo contrario, acabarán por ganar la batalla ideológica. Su influencia se vuelve dominante y sus creencias terminan imponiéndose en el Talmud, generando no pocas convicciones relativamente normativas hoy en día acerca de la inmortalidad del alma y la resurrección de los muertos en el momento de la llegada del Mesías.

¿Es preciso dar a los deudos una clase de historia? Naturalmente que no. Pero nada impide que se les haga oír las voces que hablan en polifonía en el seno de la tradición judía.

Esas voces divergentes cuentan las sedimentaciones de nuestra historia. El poeta Yehuda Amihai afirmó un día que el pueblo judío no se definía ni por su geografía ni por su genética, sino por una geología: «Fallas, derrumbes, capas sedimentarias y lava incandescente».

---

* Véase Eclesiastés, 12, 7.

Nuestra identidad está hecha de capas superpuestas, estratos de las tierras que hemos hollado, elementos de las culturas con que nos hemos cruzado y las creencias que han influido sobre nuestros ritos y lenguajes. Y todas son un reflejo de nuestras historias, de los combates internos que hemos librado y de las influencias externas que hemos padecido. Todo esto coexiste y deja huellas en los ritos, las plegarias y las mentes.

Son rastros que se dejan atrapar por aquel que desee aguzar el oído. En cada entierro judío, justo antes de leer el kadish, se acompaña al fallecido hasta su sepultura cantando un poema litúrgico llamado *El malé rajamim*.

En el núcleo de este texto conmovedor dialogan voces e historias contrarias, imágenes irreconciliables que pese a todo conforman juntas una plegaria ancestral.

Se reza así para que Dios brinde «en este lugar» un reposo a nuestros desaparecidos, y en un mismo aliento para que se marchen y descansen en el jardín del Edén. Su alma «se incorpora a las alturas sublimes del firmamento» y simultáneamente se queda aquí abajo, «prendida de las vidas» de quienes los sobreviven.

Así pues, en el cementerio los judíos pronuncian en una única oración: los muertos están bajo tierra y están en el cielo, están aquí y en otra parte, su alma inmortal se une al divino, pero los desaparecidos ya solo existen en nuestros recuerdos.

Es lo que a su manera y sin saberlo murmuraron los padres de Isaac a su hijo. Y ahí es adonde la pregunta del hermano de Isaac debe llevar al adulto que intenta contestar desesperadamente.

Para buscar a nuestros muertos tenemos que ser capaces de mirar a la vez en todas esas direcciones, tanto bajo tierra como hacia el cielo, tanto al término de la historia como a su comienzo.

Así se explica la incapacidad judía para definir una única creencia, un único lenguaje, para aludir a la otra vida.

Para el judaísmo, la imposibilidad de expresarla es lo que comunica la muerte. La muerte es un más allá de la palabra que exige que solo se emplee para hablar de ella la lengua de lo irreconciliable: aceptar que sea esto y lo otro al mismo tiempo, que habite un mundo donde no hay lugar para las palabras.

Cuando entro en la casa de un doliente para estar a su lado en esa travesía imposible, sé que dispongo de unos segundos o unos minutos para encontrar la lengua en la que deberé dirigirme a él, que por fuerza será torpe e imperfecta pero que tal vez le permitirá percibir el *seol* de su ser querido, es decir, la pregunta hacia la que su desaparición lo empuja.

«Necesito saber dónde ha ido Isaac: ¿estará en la tierra o en el cielo? Yo necesito saber dónde tengo que mirar para buscarlo.»

En vez de contestar a la pregunta de un niño de luto, me pareció que debía contarle una historia. Le pregunté al hermano de Isaac si conocía la historia de Isaac en la Biblia, si sabía quién era aquel niño y qué le había pasado. Isaac, el hijo de Abraham y Sara, vivió un drama incomparable. Su padre lo llevó a lo alto de una montaña, lo manió y estuvo a punto de matarlo.

Cuenta la leyenda que aquel día vio lo que ningún hijo

había visto antes: la muerte frente a él, levantando un cuchillo por encima de su cabeza y dispuesta a sacrificarlo. Milagrosamente fue salvado y pudo bajar de la montaña. Vivo, pero no indemne.

Mucho más tarde, Isaac se convirtió en un hombre y cuenta la Torá que siempre conservó la huella de lo que le había pasado, una señal en su cuerpo que daba fe de lo que había vivido.

Isaac se quedó ciego. Su mirada se oscureció no por culpa de la vejez o de alguna enfermedad sino, según los sabios, porque sus ojos habían visto algo que jamás podría contar, y por ello su visión quedó marcada para siempre. Nadie puede mirar a la muerte a la cara sin conservar un rastro en los ojos.

En la Biblia, Isaac no era hijo único. Tenía un hermano mayor, un chico llamado Ismael cuyo nombre, *«ishmael»*, quiere decir literalmente que Dios lo escucha. Y hete aquí que en aquella familia, en la casa de Abraham, debieron criarse sus dos hijos, dos hermanos, uno que no veía y el otro que sabía hacerse oír.

Y digo «debieron criarse» porque, por desgracia, en esta historia los dos niños fueron separados para siempre y no tuvieron la relación fraternal que habrían podido tener. Los celos y las cosas que no se dijeron crearon entre ellos rivalidades y odios que hasta la actualidad persiguen a sus hijos, que no logran ni verse, ni oírse, ni mucho menos vivir en el mismo territorio. Al menos, eso creen ellos.

La Biblia cuenta que solo se reencontraron en una ocasión, en un único lugar: en el cementerio, el día del entierro de su padre. Y juntos cavaron una sepultura para acompañar a la persona que les había dado la vida.

En la Biblia, Isaac sobrevive con la vista y un hermano amputados.

En la vida, a veces ocurre que alguien muere y que no hay milagro que lo salve.

Pero hasta el Isaac que muere deja en este mundo un hermano, y no uno cualquiera: un hermano decidido a buscarlo allá donde esté, bajo tierra o en el cielo.

Me habría gustado responder de otro modo a la pregunta del hermano de Isaac, pero era mi deber ser sincera. Era mi deber decirle que los rabinos no tenemos más respuestas que el resto. A veces incluso tenemos unas cuantas preguntas más.

Ignoro dónde se encuentra exactamente Isaac. Pero sé que su familia, con un amor eterno, seguirá buscándolo, y hablará todas las lenguas de una tradición que mantiene viva la pregunta que su muerte plantea.

Al día siguiente, en el cementerio, cavamos una sepultura para que un niño muerto se reuniera con sus antepasados y otro muy vivo no olvidase nunca que es y seguirá siendo el hermano mayor.

Ariane
«Casi yo»

Baja los escalones de una gran escalinata de piedra, en el edificio donde acabamos de cenar juntas. Avanza muy despacio y se apoya en el brazo del hombre que ama. Guarda un parecido curioso con esas estatuillas de fertilidad sobre las que reposan civilizaciones enteras. Su vientre es inmenso, sus andares vacilantes, y me digo que el bebé nacerá esta noche, no puede ser de otro modo.

Siempre se me viene esa imagen a la cabeza cuando me acuerdo de ella.
No sé en qué medida lo que ella irradiaba aquella noche me convenció para imitarla. Su hija nació al cabo de unos días, y la mía, exactamente nueve meses más tarde. Sin duda, la visión de mi amiga lista para dar vida hizo nacer en mí el deseo de esa misma espera. A menudo me he preguntado si no concebí a mi hija esa misma noche, y si su fluido de diosa no se derramó sin más desde lo alto de esos escalones hasta mi inconsciente para impregnarme de su fecundidad.
Así fue como nos quedamos embarazadas, primero una y luego la otra. En francés, quedarse embarazada

se dice *tomber enceinte*, «caer encinta»... Pero ¿de qué caída se trataba? Por aquel entonces volábamos tan alto que nada ni nadie habría podido hacernos perder altura.

Nos convertimos en madres, por tanto, con escasos meses de diferencia, y la maternidad estrechó un poco más los lazos de nuestra amistad. Nos decíamos que nuestras niñas serían amigas para siempre, que las veríamos crecer entre risas. Que les haríamos escuchar enseguida los estribillos de las comedias musicales que tanto nos gustaban, sobre todo las de Michel Legrand, que aquellas melodías reflejaban nuestros sueños de juventud, que estábamos decididas a transmitirles a ellas. Nuestras hijas serían casi hermanas gemelas, aunque no hubiesen nacido *sous le signe des gémeaux, mi fa sol la mi re, re mi fa sol sol sol re do*.*

Ariane era unos años más joven que yo, pero siempre me pareció que en la maternidad era yo la benjamina. Todo parecía más sencillo para ella, más natural y experimentado. Era de esas madres que saben organizar y prever las necesidades y los horarios de los recién nacidos, de las que siempre llevan encima una galleta, una muda y toallitas desinfectantes. Era una experta cuando yo todavía jugaba en la categoría de las muy novatas. He perdido la cuenta de las veces en las que, en la puerta del colegio de mis hijos, he tenido que rendirme a la

---

* Seguramente, el estribillo más famoso de la entrañable película *Las señoritas de Rochefort*, dirigida por Jacques Demy en 1967. *(N. de la T.)*

dolorosa evidencia de ser la única que ha olvidado llevarles la merienda, la única que no ha consultado el parte del tiempo para prever ropa de lluvia, la única que no lleva pañuelos en el bolso para limpiarles los mocos o las lágrimas.

Ariane era todo lo contrario. Jamás la pillaban desprevenida, como si todos esos deberes que acarrea la función maternal no solo no le pesaran nada sino que formaran parte de lo que ella siempre había sido, mucho antes de la maternidad: una mujer solícita.

A su manera, Ariane era para mí el prototipo de la madre sefardí. Solía burlarme de la perfección con que encarnaba el cliché. Ella se encogía de hombros y replicaba que más me valdría poner un poco en suspenso mi herencia askenazí y sus milenios de culpabilidad neurótica. A pesar de los debates algo caricaturescos de sus madres, nuestras señoritas de Rochefort se hacían mayores y soplaron su primera y luego su segunda vela con unos meses de intervalo.

Un día suena mi teléfono. Estoy sola en un café, escribiendo. Al otro lado de la línea no suena su voz sino la de su marido. Me cuenta que un chequeo rutinario ha revelado «algo raro» dentro de Ariane, que habrá que hacer pruebas; hay una manchita en la resonancia magnética cerebral que a los médicos les cuesta identificar. Percibo que busca palabras que permitan restar importancia a lo que dice, el tipo de palabras que no quieren preocupar y desean a toda costa dejar una posibilidad de ligereza en la conversación.

Pero en ese preciso instante, tanto él como yo lo sabemos, la vida ha dado un vuelco.

Su mujer y mi amiga acaban de mudarse, sin haberse movido ni un centímetro. Acaban de instalarse en un mundo paralelo al nuestro, el mundo donde viven esas personas que denominamos pacientes. Ese mundo, en la esfera médica, te obliga a tomar como segunda residencia las salas de espera. En el corazón de la esfera médica, abre las puertas a otro universo, un territorio donde a partir de ahora se habla mucho de ti, y cada vez menos contigo.

El anuncio de una enfermedad o de una sospecha de enfermedad provoca invariablemente este efecto. Tus allegados siguen hablando contigo, claro está, pero por lo general y sin que tú lo sepas inician otra conversación en tu ausencia, con tu marido, tu mujer, tu círculo más íntimo. Y convierten tu salud en un tema de conversación en el que tú no participas. Percibes a veces un cuchicheo cuando te acercas, o una conversación que se interrumpe cuando entras en una habitación.

No hay maldad en ello, se trata únicamente del primer efecto secundario del afecto humano mejor compartido del mundo: el miedo.

A lo largo de los meses sucesivos, ese miedo ya no nos abandonó. Era el terror ante lo que, con el paso del tiempo, la medicina nos anunciaba en toda su impotencia, la operación imposible y la evolución implacable, y el intento por ralentizar el avance sin dejar de saberlo inevitable.

Hubo miedo a las palabras, miedo a lo que el lenguaje nos obligaría a oír, miedo a convertir ese «algo-raro» en un objeto llamado «tumor». ¿Quién osó endilgar esta palabra a un dolor, fingiendo no percibir lo que nos brama en los oídos?

Por más que cada uno de nosotros sepamos que vamos a morir, el hecho de ignorar el cuándo y el cómo lo cambia todo. La inmensidad de las posibilidades nos lleva a creer que aún podríamos librarnos. Pero de pronto el tumor le dice a su dueño: fin del misterio, se levanta el velo. Y como en una partida de Cluedo que termina, uno de los jugadores expone todos los detalles del crimen e interrumpe los turnos con una declaración asesina: «Acuso al cáncer, con sus metástasis, en la habitación de hospital».

Y luego están la aprensión y la vergüenza de deber reconocer que no solo tienes miedo por el otro, sino también de la idea de que lo mismo pueda pasarte a ti. La enfermedad remite a cada uno a sus terrores, y el mal de Ariane, por atacar su cerebro, activaba nuestras angustias más pavorosas.

No solo la de irte antes que los tuyos, la de no ver crecer a tus hijos, sino también la de perder tus facultades, la de olvidar, el miedo a cambiar, el miedo a dejar de ser la persona que fuiste.

Poco a poco, la enfermedad cambió a mi amiga, o mejor dicho la hizo ser a un tiempo ella misma y otra, alternativa o simultáneamente.

Poco a poco para sus allegados siguió siendo la misma y a la vez se volvió distinta. Ninguno de nosotros podía decir si aquellos cambios —una entonación extraña o un humor inestable, esas «inquietantes extrañezas» apenas perceptibles— eran síntomas de la enfermedad o su manera de rebelarse contra ella, si aquellas perturbaciones menores eran prueba de la victoria del mal o de la batalla que ella le presentaba.

Tuvimos a menudo esa conversación las dos juntas. Ella me confiaba con angustia que a veces la asaltaba una sensación de desdoblamiento. La enfermedad creaba una extraña percepción gemelar. Oía en ella voces que se respondían. Una decía: soy la que siempre has sido, y la otra se entrometía inmediatamente: no escuches a la primera, te está haciendo creer que es tú pero es solo la enfermedad que habla dentro de ti.

El enfrentamiento parecía oponer dos fragmentos de ella, como si dos hermanas gemelas dialogasen incansablemente. Mi fa sol la mi re, re mi fa sol sol sol re do...

Cuando la escuchaba describir ese desgarro me acordaba a menudo de la historia de una de las heroínas de la Biblia, una mujer llamada Rebeca que un día, en circunstancias muy diferentes, conoció los dolores del desdoblamiento.

Cuenta el Génesis que Rebeca quedó embarazada de gemelos, pero la cosa salió mal y el embarazo hizo surgir en ella fuerzas contradictorias. «Los hijos se entrechocaban en su seno», escribe la Torá. Sus dos criaturas nonatas, Jacob y Esaú, encarnarían algún día dos visiones del mundo opuestas, dos universos irreconciliables. Y su combate ya había comenzado *in utero*. Rebeca estaba desgarrada por esas potencias contrarias que se enfrentaban en lo más recóndito de su ser.

Entonces se le ocurrió una idea. Fue la primera en ir a buscar al Eterno para encontrar una respuesta. Antes que ella, ningún hombre se había atrevido a emprender ese camino y convocar a Dios para hacerle una pregunta. Rebeca lo hizo y formuló para ello el interrogante existencial más potente de toda la Torá: «*Lama ze anoji*»,* ¿para qué vivo yo?

Así es como la mayoría de las Biblias traducen esas tres palabras, como la pregunta de una mujer en el dolor de una matriz desgarrada: ¿de qué sirve vivir? Pero, como suele pasar, el hebreo es más sutil que la traducción que lo fija.

En esta lengua, la primera persona del singular tiene dos formas posibles. «Yo» puede decirse *ani* en su forma más común, o bien *anoji*, versión más rara y elaborada. La diferencia entre ambos términos depende de una sola letra en el alfabeto hebraico. Una única consonante separa un «yo» sencillo de su forma menos empleada. Una sola letra, una *jaf*, se cuela en la palabra y perturba subrepticiamente el significante. *Ani* se convierte en *Anoji* merced a una simple letra que se desliza dentro de ella.

La fuerza de esa *jaf* extra en hebreo radica en que no es solo una letra, sino un término dotado de sentido. Significa «casi» y basta con añadirlo a una palabra para transformarla en un «no del todo». Por decirlo de otro modo, cuando Rebeca formula su pregunta existencial «*Lama ze anoji*» no pregunta solo «Para qué vivo yo» sino, literalmente: «¿Por qué soy "casi yo"?», o sea, «¿Por qué este "yo" que pregunta no es del todo yo misma, sino a la vez yo y otra distinta a mí?».

* Génesis, 25, 22.

Este interrogante, enunciado en la Biblia por una matriarca embarazada de gemelos y víctima de una división interna, es el modelo de cualquier esquizofrenia existencial, la formulación que podría repetir cualquiera que haya oído hablar dentro de sí unas voces contrarias. ¿Por qué la persona que yo creía ser habla de pronto con otra voz? ¿Soy yo también ese no-del-todo-yo que habla en mi nombre?

En la boca de Ariane me pareció oír con frecuencia la pregunta de Rebeca. Como si ella también se hubiera lanzado a la búsqueda dolorosa no de un Dios bíblico sino de cada uno de nosotros y nos hiciera esa misma pregunta: ¿Por qué vivir cuando dentro de ti crece como un tumor la voz de un casi-tú?

A todos los allegados de Ariane que estuvimos a su lado durante la enfermedad se nos quebró algo dentro, a imagen de lo que se resquebrajaba dentro de ella en ese diálogo interior. A medida que pasaban las semanas, sabíamos que dejaríamos de conformar un todo con nosotros mismos, en la ilusión de un mundo justo o de un final feliz, y que pronto ya no seríamos quienes habíamos creído ser antes de que la muerte se instalara en nuestro círculo de amistades.

Oí con total nitidez el rumor de esa fractura dentro de mí. Se produjo un día, a iniciativa de Ariane, mediante la fuerza de sus palabras. Recuerdo aquella tarde de finales de verano que pasamos las dos en el balcón de su piso. Nos sentamos en una alfombra verde de falso césped que había colocado ella, descalzas sobre una hierba de plástico que prometía, ella sí, no morir jamás.

Ariane me preguntó con solemnidad si sería capaz de desdoblarme por ella y aceptar no ser simplemente su amiga a partir de aquel instante sino también su rabina, o sea, estar a su lado en los momentos que ambas sabíamos que se avecinaban. Le prometí entonces que haría un esfuerzo para ser tanto una como la otra.

Cuántas veces habré estado con moribundos y con sus familias. Cuántas veces habré tomado la palabra en entierros y oído los homenajes de hijos e hijas dolientes, de padres devastados, de cónyuges destruidos, de amigos destrozados. Y cuán a menudo me han conmocionado sus palabras.

Muchas veces he tenido ganas de llorar con ellos, de desmoronarme a su lado, de sollozar a su ritmo. Pero siempre he sabido que debía vetármelo.

Sabía que mi papel me protegía un poco y me obligaba a mucho. Que podía cubrirme con él para mantener a raya el torrente de emociones que arrasaba con todo a su paso pero que a mí, en mi papel de acompañante, me brindaba el privilegio de un refugio flotante al que podía agarrarme igual que a un salvavidas insumergible.

También me parecía que debía mantener la emoción a distancia porque su efecto sobre los deudos podría ser devastador. El rabino o el oficiante no puede, ni debe, entrar en perfecta empatía con aquellos a los que está respaldando. Precisamente su deber consiste en no hacer suyo el dolor de las personas a las que acompaña, y en encarnar el pilar de una verticalidad que las ha abandonado.

Su presencia en el caos de un mundo que se desmorona debe encarnar la posibilidad de una estabilidad, la promesa de una continuidad.

A través de la boca del rabino, y también a través de su cuerpo, su voz, su manera de estar en pie y de entonar una liturgia ancestral que lo precedió y lo sobrevivirá, el oficiante ruega al doliente que crea en un porvenir. Para representar la resiliencia, el rabino debe saber no ser el que llora, y permitir que los hundidos crean en la posibilidad de levantarse.

Un día, Ariane me pidió que estuviera en una posición que yo no podía asumir de ninguna manera. Tendría que haberme negado, por amor a ella. Pero por amor a ella acepté y me convertí «casi» en la persona que era, «casi» en la persona que ya no podía ser, «casi» en la persona que aguantaba en pie, «casi» en la persona que se venía abajo. Dejé que se instalaran dentro de mí esas gemelas que solo podían vivir enfrentadas. Una sostenía un gran paraguas de Cherburgo para mantenerse firme bajo el temporal. La otra sabía que la tormenta se lo llevaría todo por delante y con la voz de Catherine Deneuve lloraba: «No, nunca podré vivir sin ti...».*

A partir de entonces, cada vez que iba a visitarla procuraba ser tanto una como la otra, alternativa o simultáneamente. Algunas veces, la situación daba lugar a conversaciones cómicas.

Recuerdo el día que hablamos largo y tendido de ora-

---

* «*Non, je ne pourrai jamais vivre sans toi...*», cantaba Deneuve en *Los paraguas de Cherburgo*, en 1964. *(N. de la T.)*

ciones, de entierros, de tristeza y de rabia, justo antes de que llegara nuestro grupito de amigas para improvisar una sesión de manicura entre chicas. Todas juntas, pertrechadas con tijerillas, limas y cremas para manos secas, eliminamos desesperanza y cutículas, escogimos un bonito color y aplicamos esmalte transparente a la última capa, haciendo como si creyéramos que nada de todo eso pudiera descascarillarse.

Me acuerdo de aquel lenguaje que poco a poco la abandonaba, de las palabras que ya no acertaba a encontrar y de su forma de pedirme con la mirada que yo terminara algunas de sus frases. A menudo, con toda la buena intención del mundo, me equivocaba radicalmente de registro. Un día, por ejemplo, me dijo:
—Sueño con... sueño con...
Al ver que no era capaz de acabar la frase, acudí al rescate:
—¿Sueñas con... no tener miedo?
—No —repuso ella—, con comer sushi.
Nos reímos mucho de aquella réplica, digna de las mejores comedias, una frase mítica que sobreviviría a todo, incluso a los actores que la pronuncian. A través de nosotras se enunciaban relatos superficiales e historias sagradas. Pensándolo bien, hasta las risas más pueriles constituían momentos religiosos, es decir, momentos que unen, en una potente liturgia que solo habla de eternidad, como los estribillos de las comedias musicales. Y fue entonces cuando el universo se puso a enviarnos señales. Ignoro en qué medida íbamos inventándolas una por una, pero ¿qué más da eso? Incluso esa ficción nos acercaba a un Dios cuyo nombre no teníamos nin-

guna necesidad de pronunciar. Bastaba con optar por ver los milagros.

Un día, casi al final, sabedoras las dos de que Ariane tenía los días contados, le propuse que sellásemos un pacto solemne, de esos que solo saben hacer los niños en sus juegos o los combatientes en el campo de batalla.
Le dije: «A partir de ahora mismo, el tiempo deja de tener importancia. Ya no se cuenta como lo cuentan los demás. Decretemos juntas que cada hora es un milenio y que la semana que viene puede durar un millón de años».
En aquel instante decidimos las dos rechazar los plazos, salir de la cuenta atrás que otros querían imponernos, conservar la libertad; por un lapso de tiempo muy breve, transformar la finitud en eternidad.
Aquel día modificamos milagrosamente el espaciotiempo y, sacándole la lengua a Einstein, reinventamos toda la teoría de la relatividad. Cayó la noche para quienes creían que el tiempo pasa, pero no para nosotras. Justo antes de irse, Ariane me hizo una seña y me pidió que le mirase la muñeca. Ni ella ni yo estuvimos en condiciones de explicar por qué su reloj se había parado misteriosamente justo aquel día.

Una semana más tarde, es decir, muchos millones de años después, llegó el último día de la vida de mi amiga.
En la habitación de una residencia de cuidados paliativos, a su alrededor, nos instalamos su marido, sus padres y unos cuantos amigos íntimos para cogerle la mano por última vez y besar su cara ligeramente maquillada. Ariane ya no estaba consciente, pero le hablamos. Le dijimos que estábamos allí para acompañarla en la

hora en la que, según tantas tradiciones, se abren puertas entre mundos. Y me pareció que, efectivamente, miles de personas se habían juntado a nuestro alrededor, antepasados, guías, textos sagrados, y hasta estribillos tontorrones que nos gustaba cantar, vestidos titilantes de Piel de Asno y «molinos de mi corazón»,* madres judías que lloran y niñas a las que algún día habría que contar aquel instante. Estuvimos varias horas, o sea, años, en aquella habitación cargada de silencio y de historia, en el lugar del más misterioso de los tránsitos. Los vivos y los muertos, los que han sido y los que se quedan para ser estaban junto a nosotros. Y la voz de la rabina, o sea, casi la mía, contaba una historia a su amiga.

La historia de una mujer y de aquello a lo que dio vida.

«Dos criaturas se entrechocaban en su seno», mas Rebeca acabó pariendo. Se convirtió en madre de dos hijos, uno de ellos llamado Jacob. El niño era mucho más frágil y vulnerable que su hermano gemelo. Por ello, Rebeca decidió otorgarle una bendición muy especial, darle conciencia de su quiebra, una capacidad para entender él también las voces de sus luchas intestinas.

Jacob portaba un nombre de porvenir, un verbo conjugado en futuro en hebreo. *Jacob-Yaakov* significa «él seguirá» o, lo que es lo mismo, que el hijo de Rebeca se llamaba «continuará». Su nombre mostraba que la historia no se detenía ahí. Y Jacob, a imagen de su patronímico, pasó buena parte de su vida transformándose,

---

* *Piel de Asno*, película musical de 1970 dirigida por Jacques Demy; «Les moulins de mon coeur», el tema principal que Michel Legrand compusiera para la película *El caso de Thomas Crown*, dirigida por Norman Jewison en 1968. *(N. de la T.)*

demostrando que no había acabado de decir lo que (todavía) podría ser, persiguiendo así los sueños de su madre.

Siendo ya adulto, Jacob, el hijo de Rebeca, luchó toda una noche contra un ángel, o contra sí mismo. Nadie es capaz de decirlo. Salió de la afrenta con una cadera dislocada, incapaz de mantenerse erguido a partir de entonces. Pero el ángel también le hizo un regalo: otro nombre distinto al suyo, una identidad que sus descendientes se transmiten hasta la actualidad, Israel. El otro nombre de Jacob, el nombre de su combate íntimo, le recuerda y nos recuerda para siempre lo que significa «cojear»: claudicar entre dos caminos, entre dos nombres, entre dos estados, aceptar ser inestable, es decir, «casi» uno mismo.

Jacob, a su vez, tuvo hijos. La Torá cuenta que en la hora de su muerte todos sus allegados se reunieron en torno a su lecho para acompañarlo en la partida.

Según la leyenda, los que rodeaban a Jacob percibieron el miedo del que se disponía a marcharse, la angustia del moribundo ante la idea de que su mundo desaparezca con él. Quienes lo sobrevivirían ¿sabrían llevar la bendición de Rebeca y proteger para siempre la historia en su «continuará»?

Entonces, alrededor del lecho de muerte de su ser querido, los hombres y las mujeres pronunciaron unas palabras que los judíos se susurran aún, en cada generación, en cada partida:

«*Shemá Israel, Adonai elohenu Adonai ejad*».

«Escucha, Israel, el Eterno es nuestro Dios, el Eterno Uno es.»

«*Shemá Israel*»; escucha, tú, Jacob, al que también llaman Israel, has de saber que aquel al que denominas Dios, «*Adonai*», que guio tus pasos y los de tus antepasados, «*elohenu*», ese Dios es también el nuestro, «*Adonai ejad*», tu Dios y el nuestro forman Uno.

Estas palabras resuenan todavía con cada generación que se marcha. Dicen que a pesar de todos los combates que ha habido que librar, de todas esas «gemelidades que luchan dentro de nosotros», de todo lo que nos obliga a no tener trato unos con otros o con nosotros mismos, existe una posibilidad de conformar solo Uno.

Tal es el compromiso solemne que los judíos asumen en la hora del tránsito: hacer que una parte de la persona que se va se incorpore a las vidas de todos para sumarse a aquello en lo que serán.

A la persona que muere le dicen: hijo o hija de Israel, escucha lo que de ti seguirá viviendo en nosotros, unido a nosotros para siempre.

En la hora del tránsito, todos juntos, entre sollozos, pronunciamos esas palabras del Shemá Israel a la mujer amada que se marchaba. Y en aquel instante me pareció que todos nos encontrábamos a los pies de una gran escalinata de piedra. Y la observamos subir, peldaño a peldaño.

Myriam
«El mundo que está por venir»

Cuando estudiaba en Nueva York, a veces daba clases de hebreo en una sinagoga de Manhattan, en calidad de aspirante a rabina. Mi alumnado lo componían sobre todo mujeres, y la mayoría eran mayores, abuelas del Upper East Side de estilo siempre perfecto y melena impecable.

Cada jueves por la mañana se reunían conmigo alrededor de una mesa de aquel centro comunitario judío de Lexington Avenue, y a mí no me costaba nada imaginar que las otras mañanas de la semana acudieran a clases de *bridge* o a alguna de las conferencias que se celebraban en el Metropolitan, a tiro de piedra de donde estábamos.

Llevaban años estudiando juntas. Yo nunca llegué a saber desde cuándo se conocían, ni cuántos docentes me habían precedido en la tarea de guiarlas.

Su hebreo era balbuceante, no avanzábamos lo que se dice deprisa. En aquel desierto, la Tierra Prometida se antojaba remota, pero nosotras no teníamos ninguna prisa por llegar. Las clases semanales encarnaban una cita imperdible, un placer que apetecía prolongar.

Me daba cuenta de que me habían dado su bendición enseguida; a menudo me demostraban un cariño un tanto excesivo. Me cubrían de regalitos y de atenciones, y yo era consciente de que mi acento francés no era ajeno a la ternura que les despertaba. Era su «*French rabbi*», y si no hubiera estado casada todas me habrían invitado a alguna cena de *shabat* en casa de algún hijo recién divorciado, o me habrían organizado una *date* con un sobrino soltero.

En Estados Unidos, el concepto *date* escapa a cualquier traducción. Tiene modalidades complicadas de describir. Toda una serie de estrictas reglas codifican el encuentro con el otro: está lo que uno hace, y lo que uno no debe hacer bajo ningún concepto, lo que significa aceptar una primera *date* y lo que implica concertar una segunda.

Una cita, cuando recibe la etiqueta de *date*, señala a sus protagonistas que la situación podría evolucionar en un sentido romántico. De pronto es como si los invitaran a firmar en la parte de abajo del documento la mención «conforme» de un posible «y lo que surja». La cultura del contrato en la sociedad estadounidense se refleja incluso en la génesis de las relaciones amorosas y deja poco espacio a la improvisación.

La *date* que yo tenía con mi grupo de septuagenarias cada semana en la sinagoga me bastaba y me sobraba, y el placer que a todas nos proporcionaba valía por la renovación tácita del contrato.

Aprendí a esperar con impaciencia aquellos encuentros con mis valedoras del Upper East Side, a pesar de que me representaba su vida de un modo un poco caricaturesco, casi como una versión judía americana de «Les flamandes», las flamencas de Jacques Brel: «Si bailan es porque tienen cien años, y con cien años está bien demostrar que todo va bien, que siguen teniendo buen pie y buen lúpulo y buen trigo en el prado...». Parecían exhibir la seguridad de una vida de desarrollo cristalino y contrato estándar, una existencia codificada y exenta de sorpresas y rebeliones.

Entre ellas, una mujer aparentaba ser algo mayor que las demás. Se llamaba Myriam y, al inicio de cada clase, abría el bolso y sacaba una montaña de comida y bebida para todo el grupo. Normalmente dejaba encima de la mesa varios termos de té perfumado y dedicaba un tiempo desquiciante a describir cada sabor infusionado y sus propiedades.

Cuentan nuestros sabios que, en la Biblia, Miriam cumplía justo esa función. Atravesó el desierto con todo un pueblo hambriento y sediento al que ella podía salvar milagrosamente. Se cuenta que la Miriam bíblica poseía la capacidad de llevar consigo un pozo nómada que impedía que los suyos murieran de sed.

Mi Myriam americana transportaba los mismos recursos, o casi: todo un maná bíblico en un bolso que parecía no tener fondo. Nos habría permitido sobrevivir a décadas de viaje. Y cierto día incluso me abrevó con una de las historias más extraordinarias que yo jamás haya tenido ocasión de oír.

Cuando le pregunté si siempre se había preocupado tanto por los demás como lo hacía por nosotras, me contestó que se había transformado en la persona que era muy recientemente, a raíz de que algo cambiara en su vida de forma radical.

«Durante años», me contó, «tuve una depresión muy profunda. Había perdido las ganas, el deseo. La fuerza de vivir me había abandonado y yo ni salía de mi casa ni quedaba con nadie. Jamás me habría apuntado a unas clases de hebreo, un compromiso así habría sido superior a mis fuerzas. Era incapaz de hacerme de comer, no hablemos ya de alimentar a otros. Mis hijos estaban desesperados e intentaban devolverme las ganas de vivir. Me decían lo que siempre se les dice a las personas que pasan por una depresión cuyo motivo no se termina de entender: "Pero, vamos a ver, estás sana, a tus hijos les va bien, tus nietos te quieren. No tienes derecho a descuidarte así...". Frases absurdas en boca de personas que disfrutaban de una buena salud y que erraban por completo el tiro. La depresión no tiene nada que ver con el rechazo a ver lo que está bien en tu vida, ni con una incapacidad para reconocer el lado bueno de la existencia. La conciencia de la propia suerte o los privilegios jamás te libra de ella ni te la alivia. Y normalmente el que te exige que lo superes no sabe nada de la muerte de los deseos. Así no tiene ninguna probabilidad de devolverte las ganas de vivir. Te pone por las nubes un producto cuyo valor tú no niegas, pero que a él nunca le ha faltado. Por lo tanto, no tiene argumentos de venta serios».

Myriam era divertida y ligera. Me aseguraba que en su familia todos tenían ese sentido del humor. A mí me costaba creer que con semejante virtud hubiera cargado tantos años con el lastre de lo que contaba.

De pronto le cambió la cara y con una sonrisa un tanto infantil me susurró al oído, en tono de confidencia: «En aquella época solo me interesaba una cosa, algo que empezó a apasionarme y que se convirtió en mi único centro de interés. Poco a poco le fui dedicando todo mi universo mental, toda mi actividad intelectual».

Me pregunté qué pasión se disponía a describirme Myriam, de qué pasatiempo se habría encaprichado en lo más hondo de la depresión. Mi interlocutora continuó, articulando muy despacio su frase, como para dosificar su efecto: «Me aficioné a mi propio funeral».

Durante muchos años, Myriam se dedicó a planificar sus exequias. Como tanta gente, primero había suscrito un plan con una funeraria, firmado papeles y rubricado documentos. Pero lo que el contrato preveía no le parecía lo bastante detallado; en él se precisaban las voluntades del difunto, su deseo de tener o no un oficio religioso, la posibilidad de que hubiera ramos de flores de una gama de colores determinada, y un sistema de sonido de calidad. Sin embargo, Myriam tenía muchas más exigencias. Se puso entonces a redactar todo aquello que le parecía fundamental para su propia ceremonia de despedida. En Nueva York, la mayoría de los funerales no se celebra en el cementerio, que suele quedar demasiado lejos de la ciudad, y los allegados y conocidos se reúnen en un tanatorio, en el corazón de la isla.

Myriam sabía exactamente a cuál habría que llamar, quién sería la persona de referencia con la que ponerse en contacto, cómo se adornaría la sala y cómo se dispondrían las sillas. Tenía una idea clarísima del ataúd en el que descansaría y, naturalmente, de la música con la que haría su entrada. Sabía quién asistiría a la ceremonia y dónde se sentaría cada cual. Con el tiempo, incluso había detallado la secuencia de los distintos temas musicales y qué versión de cada canción sonaría: Gershwin interpretado por Barbara Hendricks, y «Learning the Blues» de Sinatra, pero en la versión jazz del Oscar Peterson Trio.

Conocía las dimensiones de los ramos y su composición, y había escogido qué retratos suyos se exhibirían, dónde y cómo habría que iluminarlos. Y, sobre todo, había determinado con precisión quién habría de tomar la palabra, y durante cuánto tiempo; en qué orden se sucederían los homenajes y cómo se intercalarían. Muy a su pesar, no podía dictar el contenido de los panegíricos de unos y otros. Pero si hubiera podido lo habría hecho, y también habría definido cada intervención y hasta escrito su propia necrológica. Naturalmente, la esquela para publicar en prensa estaba redactada, como confeccionada estaba la lista de números de teléfono a los que llamar.

En no pocas ocasiones, esta obsesión había desencadenado violentas broncas familiares. Sus hijos y nietos le suplicaban que pusiera fin a tanta planificación, que dejara de hablarles de los detalles de la ceremonia. Cuando le reprochaban su celo macabro, Myriam afirmaba que todo lo hacía por ellos y solo por ellos, para evitarles una complicada toma de decisiones y ahorrarles el más mínimo dilema en un momento en que los embargaría la emoción. Era puro sacrificio maternal, altruismo *pre mortem*.

Intentaba relativizar su obsesión, pero en el fondo Myriam lo sabía: algo más estaba en juego en aquella programación detallada de un acontecimiento al que, por definición, ella no podría asistir. Se veía obligada a reconocer que su abulia, su falta de voluntad y de ganas de vivir solo la abandonaban durante la organización de su propia muerte. Únicamente entonces recuperaba el deseo.

En inglés, la palabra «deseo» no transmite el mensaje que comunica en francés, *envie*, unión de dos palabras (*en-vie*, «con vida») que no dejan lugar a la muerte. Durante sus años de depresión, Myriam se convirtió en la más diligente jefa de organización de eventos, versión fúnebre de la *wedding planner* más talentuda. Solo le faltaba morir, único detalle del gran acontecimiento que aún no estaba programado. Pero todo eso ocurrió antes de que la vida alterase todos sus planes...

He conocido a mucha gente que compartía la pasión de Myriam, aunque sin llevarla a tal paroxismo. Algunos percibían que la muerte se avecinaba o que las fuerzas los abandonaban, otros aseguraban sentirse en plena forma pero deseaban aferrarse a aquello que la muerte prometía arrebatarles. Todos escogían entrevistarse conmigo para traer a colación su salida.

En mi despacho de rabina he recibido muchas veces a personas que acudían a hablar conmigo de la ceremonia que deseaban «ver» organizada. En un momento dado de la conversación siempre me correspondía recordarles que, presumiblemente, ellos no estarían allí para «ver» nada.

Esta planificación detallada de cómo será semejante

ceremonia traiciona a menudo el rechazo a reconocer aquello que en verdad está en juego en el suceso: el fin del control sobre nuestra vida. La organización de la propia muerte expresa en primer lugar y antes que nada la negativa a aceptarla.

No siempre es fácil para mí explicárselo a la persona que acude a verme. Le hablo de los ritos tradicionales del judaísmo. En principio no hay lugar para tanta preparación. El ataúd debe ser lo más sencillo posible, sin florituras ni elementos decorativos, un símbolo de humildad que habla de la igualdad de todos ante la muerte y el retorno inevitable al polvo del que venimos. En ciertos lugares, como por ejemplo en Israel, ni siquiera hay féretro: el cuerpo se envuelve en su mortaja, se deposita sobre la propia tierra y el entierro se efectúa inmediatamente después del anuncio de la muerte. A veces te informan del fallecimiento de un ser querido a la vez que te confirman que ya reposa bajo tierra. La ceremonia funeraria se planifica. Responde a una exigencia de rapidez y sencillez.

El mismo prurito de humildad explica la ausencia de flores y coronas en las ceremonias judías. No hay que embellecer la muerte ni someterla a procesos de estetización; conviene evitar que sea objeto de una fascinación o una atracción contra la que nos advierten los sabios.

Tomar la palabra es asimismo un ejercicio muy sujeto a códigos en el mundo tradicional. El rabino u oficiante evoca al desaparecido ahondando casi exclusivamente en la liturgia, citando un pasaje de la Torá leído esa semana en las sinagogas o la palabra de un sabio. En el discurso fúnebre no hay margen para creatividades literarias, y en principio se compone a imagen de una ceremonia sobria y minimalista toda ella.

En la actualidad, la mayoría de entierros judíos no se desarrollan en el respeto estricto de estas normas, y es frecuente incorporar los deseos de los difuntos, elementos más íntimos, imágenes y música, con el fin de reflejar su mundo y dar un carácter más personal a la ceremonia.

Cuando en mi despacho tiene lugar una conversación sobre exequias y me enfrento a voluntades muy firmes o a decisiones peculiares sobre la «puesta en escena», es mi deber recordar a la persona que organiza la despedida una verdad sencilla que el ritual judío trata de ilustrar, un enunciado *a priori* trivial pero cuyas implicaciones son fundamentales: nuestra muerte no nos pertenece por completo, como tampoco nuestro cuerpo después de la muerte. Y no me refiero solo a los tiempos y las condiciones en los que sobreviene la muerte, sino a una idea más fundamental y difícilmente audible en nuestras sociedades contemporáneas, que convierten el respeto a las voluntades del difunto en prioridad suprema.

Una muestra de la tensión entre cultura tradicional y moderna es, por ejemplo, la cuestión de la cremación y la dispersión de las cenizas en un lugar escogido por el desaparecido.

La práctica está cada vez más extendida en nuestras sociedades, pero sigue siendo extremadamente tabú para la cultura judía y es objeto de estricta prohibición para un judaísmo conservador.

El rechazo a la cremación se basa sobre todo en el

principio de la consideración que merecen los restos mortales. El cuerpo debe regresar a la tierra, y el tiempo necesario para su descomposición participa del respeto que se debe a aquello que ha envuelto el alma durante su estancia en la Tierra. La incineración se percibe como una violencia extrema ejercida sobre el muerto, y la dispersión de las cenizas excluye la posibilidad de ofrecer a los supervivientes un lugar de recogimiento que el judaísmo juzga necesario.

Un rabino de sensibilidad ortodoxa se negará rotundamente a oficiar una ceremonia en la que el difunto haya tomado tal decisión. Un rabino de sensibilidad liberal puede, en ciertas circunstancias, acceder a la petición de una familia.

Personalmente, yo solo acepto siempre y cuando la decisión haya sido objeto de un debate familiar, para intentar comprender no solo lo que llevó al difunto a decantarse por una opción tan poco normativa para la tradición judía, sino también cómo la reciben sus allegados. ¿Cuáles son las motivaciones? ¿En qué medida esa opción personal choca con la sensibilidad de los seres queridos? ¿En qué medida la hace partícipe?

Desde luego, podría negarme en nombre de unas leyes ancestrales e inmutables, pero me parece que esas mismas leyes me invitan a atender al dolor de los deudos y a estar a su lado, merced a un principio que definiré así: los ritos del duelo existen para acompañar a los que ya no están, pero más aún para acompañar a los que se quedan. El ritual debe permitirles atravesar una prueba, la de la supervivencia, que por definición no está en manos del muerto.

Decir esto es como afirmar que, para mí, hay un valor mayor que la voluntad de un desaparecido: el deber de acompañar a quienes lo lloran. Y ese es, a mi juicio, el mayor respeto que se le debe al muerto: preocuparse de su voluntad, pero más aún de la posibilidad para quienes lo amaron de sobrevivirlo y honrar dignamente su memoria.

Lo mismo sucede con otras peticiones. Algunas personas definen de antemano quién deberá tomar la palabra y a quién habrá que negársela. Algunos precisan que no desean discursos ni homenajes durante la inhumación, ni una sola palabra. En ocasiones me sorprendo respondiendo con una broma que en el fondo no lo es: «Pero ¿y a usted eso qué le importa? ¿Qué le hace pensar que la decisión es suya?».

No se trata de un abuso de poder rabínico, ni de la voluntad de pisotear los deseos de quienes perciben que la muerte se avecina, sino de invitarlos a reconocer que sus seres queridos puedan necesitar otra cosa en ese preciso instante, y que el sostén que nos corresponderá proporcionarles podría hasta cierto punto oponerse a sus voluntades. Si los deudos necesitan palabras, en contra de la «voluntad del muerto», ¿está en condiciones este último de privarlos de ellas?

En el fondo, se trata de aceptar que lo más característico de la muerte es que ya no estamos vivos, aparente perogrullada que enuncia una verdad aterradora y profunda.

Querer planificar hasta el extremo la propia muerte y los funerales suele ser sinónimo de no estar preparado, de negarse a admitir lo que significa nuestra desaparición: una renuncia al control de lo que nos sucede, una aceptación de que la vida pertenece a los vivos.

Es nuestro deber respetar los deseos de los muertos, pero también reconocer el límite de lo que ellos nos imponen, y la posibilidad de escoger la vida.

Myriam no se esperaba vivir la experiencia en carne propia. Creía haberlo planeado todo. Un célebre proverbio yidish dice: «El Hombre hace planes y Dios se ríe». Por lo demás, hay veces en que Dios se busca cómplices para que la risa sea compartida.

Y eso fue lo que hizo con Myriam el día de sus exequias.

Una calurosa tarde de verano neoyorquino estaba ella esperando a su hija Ruth para salir un ratito de compras. Myriam no estaba convencida de que fuera buena idea, pero Ruth llevaba varios días insistiendo para que cruzaran juntas el parque y se acercaran a los centros comerciales climatizados de Columbus Circle. A Myriam no le apetecía nada salir. La idea de abandonar su casa y enfrentarse al mundo le resultaba dolorosa, y de buena gana se habría quedado tumbada. Pero su hija se empeñaba en organizar sus días con horarios y objetivos, algo que en realidad le hacía un poco más atractiva la idea de morir. Intentó reunir la fuerza necesaria para vestirse y se maquilló un poco más de la cuenta para variar, con las mejillas rosadas de quien parece saber adónde va y emprende el camino con paso decidido.

Oyó el claxon de un taxi en el portal, reconoció la señal de su hija y salió del piso para reunirse con ella. El taxi, efectivamente, estaba abajo, pero Ruth no iba dentro.

«Tengo la dirección del sitio al que debo llevarla», le explicó el taxista.

Un poco irritada, Myriam subió al vehículo amarillo y por un segundo se preguntó si no le daría un vahído con aquel calor, y lo que significaría para ella morir un día de sol abrasador. ¿Se desplazaría menos gente a su entierro en un día de canícula?

El taxi cruzó el parque a la altura de la Setenta y dos pero no siguió bajando en dirección a los centros comerciales. Myriam no preguntó nada, Ruth debía de esperarla en su casa, en la Noventa y seis. Efectivamente, el coche giró hacia el norte, solo que se detuvo en la Setenta y seis, justo delante del Centro Comunitario Judío, una construcción inmensa de cristal donde sus nietos solían ir a clases de manualidades y natación. Myriam tenía la costumbre de ir a recogerlos con su hija a la cafetería del centro cultural, en el vestíbulo del edificio. El espacio estaba fresco y bien climatizado, y Myriam se alegró de encontrarse con su hija allí en vez de vagar por un centro comercial, rodeada de multitudes. Pagó la carrera y avanzó hacia el bloque de cristal. El conductor bajó la ventanilla y le gritó:

«No, señora, su cita no es ahí, sino justo enfrente, al otro lado de la calle».

Le señaló entonces una construcción de ladrillo rojo de cuatro plantas que ella conocía perfectamente, en la esquina sureste de la calle Setenta y seis, en la que había grabadas unas palabras que Myriam había pronunciado en no pocas circunstancias, y hasta escrito en muchos cuadernillos: Riverside Memorial Chapel.

El taxi arrancó y Myriam notó que el bochorno le acariciaba la cara. Se acercó a la capilla ardiente, preguntándose por qué su hija la citaba en semejante lugar. Se fijó entonces en un cuadrito que animaba a los invitados a entrar. El oficio en recuerdo de la difunta estaba a punto de empezar y el nombre de la persona honrada aparecía en el anuncio. Era el suyo.

Myriam entró en la gran capilla del tanatorio. Al principio no identificó los rostros, pero inmediatamente reconoció la voz que le daba la bienvenida. Era la de Barbara Hendricks, que ella tantas veces había escuchado, pero nunca resonar de aquel modo. Como si oyera por primera vez «*Summertime and the livin' is easy...*».

Las sillas estaban dispuestas en semicírculo y todos los presentes le daban aún la espalda, pero Myriam reconoció enseguida cada detalle de aquello que tenía en su cabeza desde hacía años. Había varios retratos suyos en la estancia, muy bien alumbrados, y grandes ramos de rosas, crisantemos y lilas amarillos, blancos y anaranjados.
    Barbara murmuraba: «*So hush, little baby, don't you cry...*».
    Pero Myriam no lloraba; en un primer momento, no entendía lo que estaba pasando. Su hija, su yerno y sus nietos la hicieron avanzar despacito y le acercaron una silla para que se instalara en el centro del semicírculo.

Cuando por fin pudo ver todas las caras que la rodeaban las reconoció una por una: amigos de toda la vida y conocidos de su hija. Había comerciantes de su barrio, gente con la que había hecho cursos, un vecino que se había mudado hacía tiempo, la peluquera a la que era fiel desde hacía más de treinta años, y el *doorman* de su edificio, el portero, que debía de haber pedido media jornada libre para estar presente.

Todo el mundo reía. Su hija, que se encontraba frente a ella, tomó entonces la palabra: «Mamá, sé que estoy asumiendo un riesgo considerable al hacerte vivir este trance. Pero has de entender que si hemos organizado este día es por tu bien, únicamente por tu bien. Llevas años preparándote para este momento, meditando hasta el último detalle de este acontecimiento grandioso, de una superproducción a la que, por definición, no estarás invitada o, en cualquier caso, no en condiciones de valorarla plenamente.

»Por eso, porque nos hablas de ella sin cesar, a tu familia, tus hijos, tus nietos y a todos tus allegados, que no se cansan de repetirte que ya no pueden más, hemos decidido ofrecértela en vida. Y, en fin, hemos optado por hacerte vivir este momento que tanto te obsesiona. Verás cómo es y así podrás por fin pasar página, si Dios quiere».

Entre las carcajadas de la concurrencia y bajo la mirada atónita de su madre, Ruth cedió la palabra a las personas que Myriam había escogido para tal fin, e hizo sonar todos los temas musicales previstos, uno por uno. Así fue como, una tarde de verano, Myriam vivió su funeral.

Naturalmente, faltaba lo fundamental: la muerte no había acudido a la cita. Nadie la había incluido en la lista de invitados de aquel día, y la vida le hacía una grandísima higa desde la calle Setenta y seis de Manhattan.

Myriam me contó lo divertidos, profundos y disparatados que fueron los parlamentos. A falta de féretro, Myriam encajó la mayor «tomadura de pelo»* que jamás haya vivido nadie. Sus amigos y conocidos iban desfilando y disfrutaban chinchándola con maldad y sentido del humor, diciendo lo mucho que la echarían de menos, cuánto la habían querido y lo felices que estaban de no tener que soportarla ni un día más. Criticaron sin cortarse su cocina y sus especialidades —demasiado saladas, demasiado cocidas—, y se burlaron de lo (rematadamente) mal que se le daba mentir a la gente a la que no le apetecía ver, de su arte de quejarse deslizando en el lamento un yidish inventado, y de prometer a quien estuviera dispuesto a escucharla que acabaría votando a los republicanos, sin tener en realidad ninguna intención de hacer tal cosa. Jamás se habían oído tantas risotadas en aquella capilla ardiente, ni se habían manifestado tantas muestras de cariño hacia una persona viva.

A algunos la iniciativa les pareció extremadamente malsana y del todo fuera de lugar. Myriam habría podido derrumbarse y hasta sucumbir a la sorpresa que le habían preparado. Sin embargo, ella me la contaba

---

* Entiéndase aquí en la expresión del original, *mise en boîte*, el matiz que introduce ese *boîte*, «caja», por extensión, «ataúd». *(N. de la T.)*

como el acontecimiento más extraordinario y determinante que jamás le hubiera sucedido.

Me confió que aquel momento ceremonial, que acabó entre lágrimas con una despedida a una parte de la mujer que fue, ejerció un efecto «mortífero» sobre su vida, en el sentido más literal de la palabra. Le pareció que allí moría una faceta de ella de la que iba a aprender a prescindir, y que tal vez a partir de aquel preciso instante podría dar comienzo el resto de su vida.

«*Summertime and the livin' is easy*»... «A veces, en verano, la vida puede ser de lo más sencilla», prometía Barbara Hendricks aquella tarde. «*Fish are jumpin' and the cotton is high...*», los peces brincaban por encima de las aguas del Hudson. ¿Serían los mismos cuando se zambullían de nuevo?

Yo conocí a Myriam años más tarde, y sin duda el relato que me hizo de aquel suceso extraordinario estaba filtrado por el paso del tiempo y la reescritura de los recuerdos, a la que ninguno de nosotros es capaz de sustraerse. Pero puedo dar fe de que tuve ante mí a una mujer resueltamente viva, que había hecho del hambre y de la sed de los demás —de los cuidados que se proporcionan a los vivos, en definitiva— una prioridad absoluta.

No sé si seguiría planeando su funeral o si abandonó por completo aquella ocurrencia. Creo que Myriam había decidido renegociar los términos del contrato y rechazaba todas las *dates* que la muerte le proponía.

Después de su relato, empecé a ver a mi grupo de hebreo con otros ojos. Comprendí que la aspirante a rabina que yo era no volvería a poner en duda la posibilidad de la resurrección, dado que había sido testigo de ella.

Para describir la resurrección de los muertos, la tradición rabínica suele hacer alusión a dos conceptos, a dos mundos paralelos: *Olam Hazé*, el universo en el que vivimos, y *Olam Habá*, el universo hacia el que nos dirigimos. La mayoría de comentaristas ven en el segundo la promesa de una redención futura, la resurrección en unos tiempos mesiánicos cuya venida sigue postergándose. Sin embargo, no excluyen la posibilidad de que esos dos mundos coexistan para quienes sean capaces de viajar en vida de uno al otro. El mundo tal como es puede dejar abierto un pasadizo hacia el mundo tal como podría ser. La muerte los separa y a veces, efectivamente, es menester encontrarse con ella para acceder a un mundo nuevo.

¿A qué sabe, pues, el *Olam Habá*?, preguntan los sabios. Algunos afirman que el *shabat* posee su sabor, la calma de un tiempo aparte donde es posible el reposo.

Otros aseguran que el estudio de la Torá, es decir, la sed de aprendizaje, brinda un adelanto y te prepara para saborearlo.

Para mí, gracias a Myriam, el «mundo que está por venir» poseerá para siempre el sabor de las plantas infusionadas. Lo elabora con esmero una mujer en Manhattan que volvió a la vida cierto día de verano y que, desde entonces, ofrece un vasito de té perfumado y le pide a la rabina que no la enterrará que le dé una clase de hebreo.

Moisés
El hombre que no quería morir

«A fuerza de acompañar a los que van a morir, o de pasarse la vida en el cementerio, a usted la muerte ya no le dará miedo...»

He oído esta frase muchas veces, formulada con más o menos elegancia por personas intrigadas por mi oficio. Supongo que también se la hacen a otros: médicos, personal de servicios de urgencias o empleados de pompas fúnebres...

La muerte hace creer a quienes son capaces de mantenerla a distancia que quienes la tratan en su día a día tienen con ella una relación apacible, una especie de camaradería serena que otorga la fuerza necesaria para desafiarla diciéndole: «¡No me das ningún miedo!».

Suponiendo que una sea «religiosa», se le endilga *ipso facto* otro privilegio: la fe como potente escudo antimiedo que necesariamente ofrece un extra de serenidad, una inmunidad contra el terror...

Siempre dudo si decepcionar o no a mi interlocutor. ¿Debo revelarle que tratar a menudo con la muerte no cambia nada en el fondo? ¿O, todo lo contrario, preservar intacta su creencia, por «caridad cristiana», y dejar que piense que realmente existe una manera de estar en paz con nuestra finitud? ¿Debo permitirle imaginar que con un poco de práctica o, mejor aún, parafraseando a Montaigne, «con filosofía», es posible «aprender a morir»?

Filósofos o no, he conocido a muchos eruditos aterrorizados ante la idea de su propia desaparición, y a mucha otra gente que nunca se había parado a reflexionar sobre el asunto pero no por ello estaba peor preparada. Y, en fin, no creo que la fe proteja de ese miedo; al menos la mía nunca ha tenido ese poder.

Acompañar la muerte de los demás no me ha inmunizado contra la aprensión de cruzarme con ella. Desconfío de quienes aseguran que a morir se aprende y que existe un método infalible para decidirse a aceptarla.

No hay cursillos ni técnicas para aprender a desaparecer en diez sesiones, no hay clases ni plan de estudios que optimicen el fallecimiento en un semestre.

Los relatos religiosos, contrariamente a una creencia muy extendida, no siempre fomentan que el héroe del texto reciba la muerte con más valentía que los demás. Al revés: el miedo a morir parece atormentar a no pocos personajes del relato, y cuanto mayores son, más sólido se antoja su apego a la vida. Así pues, el más célebre y más sabio de los hombres según la Biblia, el que vio a Dios «cara a cara» y no puede poner en duda su existencia, ese hombre es precisamente el que se niega a morir, aquel cuyo miedo a desaparecer es más potente.

Es la historia de un hombre llamado Moisés que, como usted y como yo, y seguramente un poco más que todos nosotros juntos, no quiere morir. He aquí el relato de su desaparición tal y como los sabios y los comentaristas judíos han optado por contarla.

En la Torá, la muerte de Moisés es objeto de apenas unas pocas líneas, las últimas del texto. Solo se dice que en el país de Moab, Moisés murió «como había dispuesto Adonai. Le enterró [...] pero nadie hasta hoy ha conocido su tumba. Tenía Moisés ciento veinte años cuando murió; y no se había apagado su ojo ni se había perdido su vigor».*

El héroe bíblico muere, por tanto, a las puertas de la Tierra Prometida. Se extingue como cualquier otro hombre, pero como ningún otro antes que él. En primer lugar porque nadie sabe dónde yace ni quién excavó su sepultura. «Le enterró», dice el texto, pero ¿a quién corresponde esa tercera persona de singular? Los comentaristas afirman que Dios en persona ofició en sus exequias. Jamás en todo el relato bíblico había ejercido semejantes funciones lo divino. Abraham fue enterrado por sus hijos, y Aarón, por los dignatarios de su pueblo. Pero hasta entonces no se había ofrecido ningún servicio divino de pompas fúnebres.

Por lo tanto, Moisés muere, como todo el mundo, y como nadie. Tiene ciento veinte años pero está en plena posesión de sus facultades. Su mirada es intensa y conserva íntegro su vigor, como si la vejez no ejerciera poder

---

* Deuteronomio, 34, 5-7.

alguno sobre él y hasta el final siguiera siendo la persona que siempre había sido. En cada cumpleaños, en referencia a Moisés, los judíos nos decimos «y que cumplas ciento veinte»; ojalá lleguemos, ojalá seamos dignos no solo de la longevidad del más grande de los hombres, sino también de las condiciones de su fallecimiento.

¿Qué sabemos exactamente de las circunstancias de su muerte? ¿Qué se la causa a un hombre en plena forma, tenga la edad que tenga? Ningún forense sabría dar una explicación, pero los comentaristas cuentan con una pista sólida y más fiable que cualquier autopsia: rastrean el motivo de la muerte en un término del versículo. En hebreo, las palabras suelen poseer varios significados, sentidos plurales, y para los lectores minuciosos de la Biblia no cabe duda: Moisés murió... de un doble sentido.

Falleció «como había dispuesto Adonai», dice el versículo en su traducción más extendida. Sin embargo, la expresión en hebreo —*al pi Adonai*— puede traducirse de otra forma: «en la boca» de Adonai. De ahí la conclusión de los sabios: en las llanuras de Moab, al pie de la Tierra Prometida, Moisés abandonó este mundo siendo besado por Dios. Y con ese beso divino entregó su alma.

El Eterno, que en el Génesis insuflaba la vida a Adán a través de sus fosas nasales, recupera el aliento de otro hombre en las últimas líneas del texto. Se lleva así el alma de Moisés de la manera más delicada posible, y la más inspirada. Desde entonces, nadie ha conocido tal tratamiento de favor ni abandonado este mundo con semejante abrazo, pero cada cual se lo desea.

Es evidente que los sabios están deseosos de ofrecerle a Moisés la partida más dulce, cueste lo que cueste. ¿Y eso por qué? Seguramente, para aplacar lo que en el texto perturba a cualquier lector empático. Se trata de suavizar una tremenda injusticia.

Para los comentaristas, la muerte de Moisés es la más grande de todas y también la más inexplicable. ¿Cómo se atreve Dios a dejar a su héroe a las puertas de la Tierra Prometida, a él que sacó a los hebreos de Egipto y los guio por el desierto durante cuarenta años? ¿Qué hizo Moisés para merecer tamaño castigo?

La Torá sugiere, en efecto, que habría cometido un fallo: golpear por dos veces una roca en el desierto para extraer agua, un gesto que al parecer se le reprocha. ¿Fue el error golpearla? ¿Había que dar solo un toque? ¿Tendría que haber hablado con la roca, rezar o pasar de largo? Los intérpretes se enfrentan a esta cuestión y algunos llegan a afirmar que este presunto desatino de Moisés no es más que una excusa, y que Dios nunca tuvo intención de permitirle entrar en la Tierra Prometida. Su viaje debía acabar ahí y su misión concluir a las puertas de un destino que no estaba llamado a conocer.

Para muchos comentaristas, la muerte de Moisés sigue siendo insostenible. Por consiguiente, en su literatura llegan al extremo de «inventarle» una revuelta y convertirlo en el arquetipo del hombre que se opone a la muerte hasta el final.

Decenas de leyendas judías, escritas en diversas épocas, describen todo lo que hizo Moisés para intentar eludirla, su combate feroz contra un final programado. Todas narran a su manera lo que le sucede a un hombre, por grande y excepcional que sea, cuando se le anuncia su desaparición.

¿Qué se le pasa por la cabeza a alguien que descubre que va a morir? A esta pregunta, la literatura rabínica esboza sus respuestas varios milenios antes de que la psicología moderna proponga las suyas.

A finales del siglo XX, muchos psiquiatras acometieron la descripción de las diversas fases mentales por las que pasa un paciente en la fase terminal de una enfermedad. Una de las más famosas modelizaciones de las emociones del final de la vida es la de Elisabeth Kübler-Ross. Según ella, más o menos todos los pacientes pasan por las cinco mismas fases ante la inminencia de la muerte: un periodo de negación, seguido de un arranque de ira y posteriormente de una forma de negociación que el enfermo inicia justo antes de que la depresión se apodere de él. Y solo a raíz de esta última etapa puede surgir una forma de aceptación de la muerte.

Negación, ira, negociación, depresión y resignación. Por expresarlo de otro modo, la mayoría de los enfermos terminales irían diciendo, en este orden: «tiene que haber un error», «qué injusticia», «dejadme vivir al menos hasta tal o cual fecha señalada», «¿para qué?», y «ya estoy preparado».

Por supuesto, hoy en día los especialistas admiten que estas descripciones son extremadamente simplificadoras. La trayectoria de cada individuo al enfrentarse a la muerte es única. No hay estandarización posible que resuma la envergadura de las emociones humanas, ni una modelización uniforme que resuma el recorrido de cualquier ser humano que se dispone a morir.

Merced a una curiosa casualidad, las leyendas rabínicas sobre la muerte de Moisés, redactadas ya desde los primeros siglos de nuestra era, se hacen eco de estas etapas psicológicas: una por una, todas parecen ilustrar cada una de estas posibilidades. Casi plantean fase por fase lo que el héroe pudo haber sentido ante el avance de su desaparición en las llanuras de Moab.

Así, en un célebre *midrash** se describe a un Moisés que se niega a dar crédito al anuncio que le hacen. Por más que Dios le diga: «No entrarás en la Tierra Prometida», el héroe sigue creyendo en esa posibilidad. A fin de cuentas, se dice, ¿no ha conseguido ya hacer cambiar de opinión a Dios? En el desierto, el Eterno había jurado exterminar a los hebreos tras el pecado del becerro de oro, pero la intervención de Moisés lo disuadió. Si en el pasado Dios cambió de planes, ¿por qué no iba a hacerlo de nuevo? En su negación de la muerte, Moisés parece convencido de que su intimidad con el divino le brindará la salvación, o al menos una tregua.

En otra leyenda se desata la cólera de Moisés. ¿Morir? Ni hablar.
  Dios le dice entonces:
  —Pero ¿acaso tu padre y tu abuelo no murieron antes que tú?
  —Claro que sí —responde Moisés—, pero yo he hecho cosas tan grandes que merezco seguir viviendo.

---

  * Midrash Petirat Moshe. [Un *midrash* es un comentario rabínico que explica elementos de la Torá, a menudo a través de algún tipo de alegoría. *(N. de la T.)*]

—¿Y qué pasa con Abraham, Isaac y los grandes hombres de generaciones pasadas? ¿No murieron también ellos antes que tú? —pregunta Dios.

—Claro que sí —replica Moisés sin vacilar—, pero todos ellos engendraron hijos que se extraviaron. El mundo que dejaron era muy imperfecto.

Moisés insinúa que su camino es más ejemplar y su contribución al mundo, más inédita. Y por ello merece una recompensa. Dios lo interrumpe y le recuerda un suceso de su pasado que él finge haber olvidado:

—Moisés, ¿acaso tú no mataste a un egipcio?

Y el hombre, puesto frente a su culpabilidad, la reenvía como un bumerán hacia un Dios al que con una desfachatez descomunal contesta:

—Y tú, Eterno, ¿qué hiciste con los primogénitos de Egipto?

Frente a la muerte, el hombre hace estallar su ira y la dirige contra Dios en persona. Los comentaristas lo saben y están también dispuestos a hacerse eco de esta voz, la de una humanidad impertinente que no exculpa a Dios de sus crueldades.

En otra leyenda, lo que se expresa es la conciliación y el regateo. Moisés le propone un acuerdo al divino e intenta negociar la posibilidad de mantenerse con vida a pesar de todo. «¿Y si pudiera vivir, incluso bajo otra forma?», lo interroga. «¿Y si me transformara en pájaro, en cierva, en venado, lo que sea, en otra especie viva que me permita permanecer en este mundo?».

Al quedarse sin argumentos, Moisés se viene abajo y la voz de las leyendas rabínicas lo narra a través de una imagen. Un día, habría dibujado un círculo en el suelo y se habría sentado en su interior, llorando y clamando a quien quisiera escucharlo que su camino acababa ahí, que nunca más saldría de allí.

Entonces, Dios lo somete a un dilema: «Juré dos cosas: que aniquilaría a este pueblo en el desierto tras el pecado del becerro de oro, y que tú no entrarías en la Tierra Prometida. Tú, Moisés, me suplicaste que me replanteara mi primera promesa, y gracias a ti les perdoné la vida a los hebreos. Pero si ahora me ruegas que anule mi segundo juramento y te deje vivir, ¿estás preparado para que cambie de opinión con respecto al primero? ¿Estarías dispuesto a poner tu supervivencia por delante de la de todo tu pueblo?».

En esta dramática leyenda, Dios hace como si solo tuviera la posibilidad de anular una única promesa, una única oportunidad de desdecirse, y deja la responsabilidad en manos de un hombre. Deja que Moisés escoja entre su vida y la de los suyos. Desde luego, se trata de una escena cruel y profundamente inmoral. Pero es como si a través de esa creación literaria y ese guion inventado los rabinos reconocieran que había que ayudar a Moisés a morir, ponerlo ante una disyuntiva que él solo podría aceptar a riesgo de perder su grandeza para siempre.

Moisés se resignará a morir y por consiguiente su decisión se convertirá en condición para la Salvación de todo un pueblo. Es la vida ofrecida a todos aquellos que lo sobreviven, que leen y comentan su historia. Al morir, Moisés habría tomado de nuevo la decisión de salvarnos.

A mi juicio, la grandeza de estos relatos rabínicos reside no en la inmensidad del héroe que describen sino, por el contrario, en su absoluta humanidad. Moisés fue un líder, un estratega, un luchador, un sabio, pero hasta el final siguió siendo un hombre que conoce el miedo y la duda, un ser que, como todo hijo de vecino, en ocasiones da muestras de mala fe y de orgullo y se deja llevar por la ira o la desesperación. Ante la muerte tiembla e implora. Su temor es el nuestro, y nadie nos exige que nos comportemos mejor que él. El heroísmo, por consiguiente, no radica en dejar de temer el final, sino en preocuparnos siempre, incluso desde lo más recóndito de nuestro terror, por lo que sobrevivirá a nuestra muerte.

Cuando Moisés se resigna a morir, Dios le pide que suba a lo alto de una montaña, a la cima de un monte llamado Nebo, desde donde podrá observar la Tierra Prometida, a distancia, antes de abandonar este mundo. Es posible que el nombre de esta montaña proceda de una raíz hebrea que significa «profecía», a menos que se trate de un préstamo de una divinidad mesopotámica, el dios Nabu, venerado en la región en tiempos bíblicos. Dios del saber y de la escritura, sus símbolos eran el cálamo y la tablilla, herramientas de la transmisión escrita.

Me complace la idea de que la Biblia hebraica, en su lucha encarnizada contra la idolatría y las divinidades paganas, hiciera morir a su héroe en una montaña dedicada al dios de la escritura, dejando un vestigio pagano en la historia de los judíos, que se transmiten el texto para meditar acerca de la muerte.

De entre todas las leyendas sobre el final de Moisés, la

más famosa es la que debemos contar ahora,* la que refleja mejor que ninguna otra lo que un día permitió que el más grande de los hombres de la Biblia muriera, sereno y tranquilo, en lo alto de la montaña a la que se había encaramado.

Los sabios se transmiten primorosamente por escrito esta historia en un tratado del Talmud y exigen a cada generación que la estudie.

Se cuenta que un día Moisés escaló una montaña y en la cumbre se encontró a Dios, concentrado en una extraña actividad. El Eterno se afanaba en dibujar unos piquitos sobre las letras de la Torá, como finas ramitas en sus extremos. Todavía en la actualidad se ven esas pequeñas formas caligrafiadas en los pergaminos de todas las sinagogas del mundo, unas coronitas que parecen adornar las palabras como espinas, en los rollos de la Torá. Pero nadie sabe qué enseñan y cuentan exactamente.

Cuando vio a Dios en lo alto de la montaña, cálamo en mano, ilustrando con esmero las letras de una Torá, Moisés no pudo evitar preguntarle: «Pero ¿por qué pierdes el tiempo en vez de entregarles la Torá a los hombres ahora mismo? ¿Para qué esperar a colocar esas florituras absurdas?».

Y Dios respondió a su siervo: «Has de saber que algún día, dentro de mucho, mucho tiempo, llegará al mundo un hombre que será capaz de interpretar cada uno de estos piquitos, de comentar y proponer lecturas magníficas a propósito de cada ramita que estoy poniendo aquí».

Moisés suplicó a Dios que le permitiera conocer a tal

---

* Talmud, Menajot, 29b.

prodigio, que le dejara ver quién sería ese hombre tan talentoso que algún día aparecería. Dios obró entonces un milagro para Moisés, y le dijo: «¡Date la vuelta!».

Al mirar a su espalda, Moisés se vio transportado por unos segundos siglos más tarde, a una casa de estudio donde un maestro extraordinario, Rabí Akiva, explicaba a sus alumnos el sentido de cada uno de los piquitos caligrafiados por encima de las letras de la Torá. Sentado al fondo del aula, Moisés escuchaba maravillado sin comprender ni una palabra de las enseñanzas dictadas. ¿De dónde podía venir aquella sabiduría que él, el hombre que había recibido la Torá en el monte Sinaí de manos del mismísimo Eterno, desconocía? Y esa fue la pregunta que se le planteó al maestro.

«¿De dónde sacas esta sabiduría? ¿Quién te la ha confiado?», preguntó uno de los alumnos de la clase. Y el maestro, sin titubear, contestó: «Esta sabiduría le fue entregada a Moisés en el monte Sinaí, el día de la Revelación, y él fue quien nos la transmitió».

Moisés se quedó más tranquilo. Tal vez aquel día, por primera vez en su vida, se sintió preparado para afrontar la muerte.

Todo o casi todo queda dicho en ese texto: la angustia de un hombre por no estar a la altura, el miedo a morir antes de saber. Revela también lo que puede permitir que un hombre se marche en paz y aprenda a morir. Moisés recibió la Torá en el monte Sinaí, pero mucho después de él surgieron hombres capaces de interpretar lo que él ignoraba. Estos eruditos sabían más, pero seguían afirmando que lo que conocían se lo debían a él.

En otras palabras, Moisés transmitió sabiduría a su

pueblo bajo la forma de unas letras que podrán crecer, exactamente como las puntas misteriosas que las adornan. Esas ramas que él transmitió al mundo prosperarán más allá de él. La vida de Moisés contiene el germen de aquello que algún día quienes se identifiquen con él lograrán desarrollar.

Y cada generación, por llegar después de otra, medra en un terreno abonado que le permite desarrollar aquello que quienes se han ido no tuvieron tiempo de ver florecer.

Esta es la clave de la transmisión que Dios revela a Moisés, con un cálamo en la mano, en lo alto de una montaña de profecía que lleva el nombre de una antigua divinidad de la escritura. Le dice al más grande de los hombres: sí, vas a morir, pero tus hijos desarrollarán eso que todavía no es más que el frágil rastro que dejará tu vida. La grandeza de tu existencia y de tu enseñanza está aún por ser revelada a través de los que vendrán después de ti.

Al comprender esto, Moisés pudo hallar la serenidad y estuvo listo para aceptar aquello que tanto miedo le inspiraba.

Esta leyenda contiene casi todo lo que el judaísmo puede enseñar acerca de la muerte. ¿Es posible aprender a morir? Sí, con la condición de que no rechacemos el miedo, de que estemos dispuestos, como Moisés, a darnos la vuelta para ver el porvenir. El porvenir no está frente a nosotros sino detrás, en las huellas de nuestros pasos en la tierra de una montaña que acabamos de ascender, huellas en las que quienes nos siguen y nos sobreviven leerán lo que a nosotros todavía no se nos permite ver.

Los judíos afirman que no saben lo que hay después de la muerte. Pero podrían formularlo de otro modo: después de la muerte hay algo que no sabemos. Hay algo que todavía no se nos ha revelado, algo que otros harán, dirán y contarán mejor que nosotros, porque hemos existido.

Israel
«Bendito sea el que revive a los muertos...»

Vino a mi casa, en el bulevar Herzl, a última hora de la tarde, y enseguida nos pusimos en camino hacia Tel Aviv. Serían las seis, y la salida de Jerusalén estaba atestada de tráfico. Los atascos empezaron ya desde la primera curva de la vía rápida. Me pregunté cuántas de las personas de aquellos coches se dirigían al mismo lugar que nosotros aquella tarde, y si a esa velocidad tendríamos la más mínima posibilidad de llegar a tiempo.

Llevábamos varios días preparando minuciosamente la organización de aquella tarde de sábado: la hora de salida y la mejor zona para aparcar, el tiempo que tardaríamos en volver teniendo en cuenta los embotellamientos nocturnos, y hasta la hora a la que debíamos estar de regreso para que él pudiera descansar un poco antes de ponerse de nuevo en marcha a la mañana siguiente, de vuelta a la base militar.

Su unidad le había concedido el permiso y vino a buscarme vestido de paisano, solo con una pistola discretamente guardada en el cinto. Nos dimos un beso y casi sin mediar palabra nos echamos a la carretera. Cuando salimos de la ciudad, la conversación cuajó un poco más. Por lo demás, recuerdo haber hecho la reflexión de que ya solo hablábamos hebreo entre nosotros.

Durante todo el inicio de nuestra historia, el inglés nos había proporcionado un territorio neutral; era la Suiza de nuestras primeras conversaciones. Después, a lo largo de varios meses que al final sumaron casi tres años, oscilamos entre lenguas y construimos frases que mezclaban influencias. Cada vez con más hebreo y siempre con algunas palabras en francés, yo le decía: «Ten mucho cuidado, *motek sheli*,* *please*» cada vez que él volvía a la base. No sabía prácticamente nada de su día a día como soldado, pero me preocupaba por él en todos los idiomas.

Aquella tarde me di cuenta de que el hebreo había acabado con nuestra torre de Babel amorosa. Ya solo hablábamos en esa lengua, y seguramente menos que antes. Puede que sea la suerte que corren todas las parejas: a fuerza de hablar el mismo idioma, acaban por comprenderse de veras. El final del malentendido marca el fin de muchas más cosas.

Tras unos cuantos años juntos habíamos purificado nuestra comunicación, creyendo que nos desembarazábamos de las influencias extranjeras. Por aquel entonces yo todavía no había meditado acerca de esa mentira, y tardaría años en comprenderla. En saber que ninguna lengua es pura, y el hebreo un poco menos que las demás.

* Cariño.

En esa lengua que supo renacer de sus cenizas se mezclan voces plurales que aseguran ser nuevas u originales. Sin embargo, es un lenguaje sometido a influencia, colonizado por una historia dolorosa. Por más que se haya ganado la independencia y haya revivido en una versión moderna, se trata de un territorio ocupado por universos extraños que lo atormentan. Tengo la sensación de que pocas lenguas cuentan con tantos vocablos procedentes de raíces extranjeras, como injertos de orígenes lejanos que han olvidado su procedencia de lugares remotos.

Los meses del año hebraico derivan todos del calendario babilonio, muchas palabras provienen del griego clásico o del alemán, e incluso la religión —que, como todo el mundo sabe, tiene un gran peso en esta región del mundo— es una palabra que no existe en hebreo. Se la designa mediante el término *dat*, fingiendo ignorar que se trata de una palabra persa.

Hablar hebreo consiste a menudo en hablar de las civilizaciones con las que se han cruzado los judíos, en reconocer los vestigios de lo que han tomado prestado o de lo que se les impuso. Dime adónde te exiliaste, por quién fuiste dominado, quién intentó exterminarte, y te diré qué lengua hablas. El hebreo «puro» es siempre políglota y, más que cualquier otra cosa, estratificado. Acumula las capas de influencia que le dieron forma. Naturalmente, todas las lenguas pueden decir lo mismo, pero la resurrección de esta hace aún más obvio el fenómeno.

En la tercera curva de la carretera principal, a la salida de Jerusalén, la tierra cambia un poco de color y aparecen otras sedimentaciones. El paisaje se recubre de piedrecitas blancas cuadriculadas que se vislumbran desde muy lejos, por decenas de miles. Son sepulturas.

La vía rápida bordea el inmenso cementerio de Givat Shaul, necrópolis mesiánica de todos aquellos que aguardan con impaciencia una redención que ya no puede tardar mucho. Los atascos de la nacional retrasan levemente al Mesías, pero pronto vendrá. Está llegando, palabrita, dicen las pancartas, con la efigie de un rabino al que declaran muerto... o tal vez no.

E igual que se identifican huellas de lenguas extranjeras en la que se habla aquí, en los cementerios hay rastros de horizontes plurales, una reunión de difuntos llegados del mundo entero y que han expresado en todas las lenguas su voluntad de descansar aquí. De todos los rincones del planeta, soñaron con ser enterrados a las puertas de una ciudad que no se parece a ninguna otra, la misma donde el Mesías prometió hacer su primera parada.

Cada día, durante la oración, los judíos dicen: «Bendito seas, Eterno, que revives a los muertos». La fe en una resurrección futura ubica a Jerusalén en su núcleo. Hay gente que llega de los cuatro puntos cardinales para esperarla aquí, pues según la leyenda, en la hora de la redención, cuando se abran las sepulturas de quienes volverán a la vida, ellos serán los primeros en ser atendidos. Dormir en Jerusalén es asegurarse de que la noche será breve o en cualquier caso más breve que en cualquier otro sitio. Y que formarán parte de los primeros en despertar.

Reconozco que nunca he entendido cómo para tanta gente Israel podía ser la tierra adonde uno va a morir o a recibir sepultura. Por aquel entonces todavía lo entendía menos. Israel era el país donde yo había escogido ir a vivir en los inicios de mi vida adulta, el país del futuro y del principio de la historia. Era el lugar que permitía precisamente abandonar los cementerios, los de Europa, de los que no lograba deshacerme.

Israel era el nombre de una promesa y de un refugio, la posibilidad de un nuevo comienzo. Este país decía: la resurrección es posible, no después de la muerte individual sino tras la experiencia colectiva de todo un pueblo que las naciones del exilio no pudieron o no quisieron salvar. Israel proclamaba que eso ya no volvería a pasar porque la continuación de la historia estaba en nuestras manos. Se trataba de dejar atrás el continente de las tumbas y de los muertos insepultos para emprender el camino hacia una promesa ancestral. De ir hacia la vida.

En la carretera entre Jerusalén y Tel Aviv por la que circulábamos aquella tarde, Israel no era a fin de cuentas ni una lengua ni una tierra, sino que poseía para mí las facciones de un hombre, el que conducía. Era un judío de esos que yo nunca había conocido antes de recalar allí. Tenía algo completo y auténtico, un saber un poco rústico y un corte de pelo militar, a mil leguas de la experiencia judía de mi infancia diaspórica.

En nuestro encuentro confluían todos los tópicos que oponen a una hija de la diáspora y a un perfecto *sabra*, como se denomina allí a los hijos del país. Yo era la exiliada y él el arraigado en la tierra. Hijo del kibutz, le costaba creer que yo supiera tan poco sobre la naturaleza, y a mí me parecía que era el hombre más ignorante de nuestra historia y sus dramas que hubiera conocido nunca; un auténtico judío enraizado.

A pesar de la singularidad de su mundo, había en su lenguaje una melodía ancestral que me resultaba familiar, cantada con un acento que le confería una tonalidad exótica. Era la música mesiánica que siempre ha rondado nuestra historia, ese núcleo de esperanza que hizo decir a tantos judíos, en contextos muy diferentes: «Las cosas podrían ser de otra manera». Resonaba en él una versión ultralaica de esa cantinela, herencia a un tiempo mística y atea que el sionismo de los comienzos había plantado en él desde su nacimiento.

En el enunciado de una utopía humanista, los primeros sionistas tomaron prestadas las palabras de un vocabulario religioso ancestral en un contexto profano. En una liturgia atea en la que Dios no tenía cabida en absoluto, cantaron la redención de la tierra, la reparación del mundo y el jubileo en el horizonte de todas las servidumbres. Sus sacerdotes antirreligiosos revisitaron las escatologías de los profetas y dieron un eco a los textos sepultados bajo las cenizas de las casas de estudio de Lublin, Lodz y tantas otras ciudades. Trasladaron las palabras de los libros en una tierra donde debían crecer frutos y construirse granjas.

La creación de Israel se contó, pues, como una profecía bíblica, a través de la voz de unos hombres que reclamaban justicia y prometían a otros hombres que se recuperarían. Transportó los ecos de Isaías y Ezequiel, las promesas de que volvería a crecer la carne sobre los huesos secos, y de que las miradas se dirigirían hacia Sión. Esas leyendas las contaron hombres no solo desvinculados de las lecturas sinagogales sino visceralmente contrarios a todas las ortodoxias dogmáticas que las habían motivado. La lengua del renacimiento laico de Israel susurraba sonidos familiares de un mesianismo ancestral. Al secularizarlo, creía haberlo neutralizado.

«Solo son imágenes», decían los fundadores, «alegorías, mitos...», convencidos de que las palabras no están vivas, de que sirven solo para expresar una realidad, como una herramienta que existe únicamente a través del uso que le damos. ¿Acaso no sabían que el lenguaje tiene el poder de crear y destruir mundos? Así ha sido desde el Génesis, sobre todo cuando se habla en hebreo.
Aquellos hombres creían tan poco en la resurrección de los muertos como en la de las palabras, y se equivocaron, pues estas últimas saben salir de su tumba, mucho antes que los hombres que las pronunciaron, y mucho antes de que llegue el Mesías. No sería raro que en Jerusalén sean las primeras en despertar.

Esto lo aprendí de un gran hombre que enseñó la Cábala en esta ciudad, un sionista de vanguardia, inmenso erudito de la mística judía, llamado Gershom Scholem. Cierto día de 1926, escribió una carta a un amigo llamado Franz Rosenzweig. Casi un siglo más tarde, estamos aún empezando a descifrar aquella misiva.
En ella, Scholem habla del renacimiento del hebreo que él tanto aprecia, y escribe:
«Esta lengua sagrada con la que alimentamos a nuestros hijos ¿no constituye un abismo que no dejará de

abrirse un día? Porque la gente de aquí no sabe lo que está haciendo. Creen haber secularizado la lengua hebraica, haber suprimido su aspecto apocalíptico. Por supuesto, no es cierto; la secularización solo es una forma de hablar, una frase hecha. Es imposible vaciar su carga de palabras llenas de sentido, a menos que se sacrifique el propio lenguaje. [...] Si transmitimos a nuestros hijos la lengua tal y como nos ha sido transmitida, si nosotros, generación de transición, resucitamos para ellos el lenguaje de los libros antiguos para que pueda revelarles de nuevo su sentido, ¿no es posible que la fuerza religiosa de este lenguaje se vuelva violentamente contra los que lo hablan? Y el día en que se produzca esta explosión, ¿cuál será la generación que sufra sus efectos?».*

En 1926, un hombre establecido en un territorio que todavía no es Estado pero que pretende ser refugio para todos los judíos amenazados escribe a otro hombre que a su vez reside en un país muy organizado que se dispone a asesinar meticulosamente a los judíos perseguidos. Sin embargo, es el primero el que le dice al otro: desconfiemos del lenguaje. Escuchemos la violencia ancestral que duerme en las palabras. ¿Estamos seguros de que no se oculta en ellas una bomba que no seremos capaces de desactivar?

---

* Véase la transcripción de la carta de G. Scholem en *L'Ange de l'Histoire*, de Stéphane Mosès, Le Seuil, París, 1992.
[Plasmamos aquí la traducción de Alicia Martorell en *El ángel de la historia. Rosenzweig, Benjamin, Scholem*, Cátedra, Madrid, 1997. (N. de la T.)]

Gershom Scholem, sionista convencido, piensa con razón que el porvenir está donde él se encuentra y no en Alemania. Lo sabe pero aun así está dispuesto a percibir una amenaza a la que lo expone su refugio. Afirma con humildad que su utopía, al salvar a los cuerpos judíos de la muerte, podría asimismo abrir una caja de Pandora, la de la palabra.

Y se pregunta: ¿y si al imaginar que volvemos profano un lenguaje ancestral, religioso y apocalíptico pusiéramos en marcha un proceso inevitable: el regreso de la violencia mesiánica?

Mientras salíamos de Jerusalén en dirección a Tel Aviv aquella tarde de noviembre de 1995, en mi conversación íntegramente en hebreo con un hombre criado en esa lengua, laico, antirreligioso y armado, yo todavía no oía el tictac de la bomba. Estaba a años luz de imaginar que estallaría no ya generaciones después sino esa misma noche. Al cabo de menos de dos horas resonaría una potente detonación y nos convertiríamos en «la generación que sufriría las consecuencias».

La cuenta atrás había arrancado mucho antes. Bastaba con aguzar el oído para advertirla, y para oír también las ráfagas de disparos de su llegada inminente. Sin duda, nos hacíamos los sordos. Un año y medio antes, el día de Purim, el carnaval judío, un hombre pertrechado en su odio y armado con un fusil había asesinado a veintinueve de sus semejantes que rezaban en la Tumba de los Patriarcas, en Hebrón.

¿Intentaba con su gesto y a golpe de metralleta sacar a Abraham, Isaac y Jacob de su descanso eterno para que asistieran a la escena? ¿No había ya convidado a Esther y Mordecai, los héroes de ese día en el calendario judío, los mismos que en su libro bíblico invitan a su pueblo a vengarse con violencia de sus opresores? Toda una literatura mesiánica se unía a la fiesta para dar impulso al fin del mundo. Estaba escrito, solo faltaba pasar a la acción.

El asesinato de veintinueve musulmanes en oración a manos de un extremista judío fue condenado por todo un país indignado. Y quienes saludaron el gesto del asesino fueron considerados un puñado de iluminados, rabinos integristas que no representaban nada y vivían en libros que bastaba con mantener bien cerrados, nos decíamos. Qué importa que esas obras todavía se lean e interpreten en las bibliotecas de ciertas casas de estudio fanáticas; todo parecía puramente anecdótico.

Como anecdóticas nos parecían esas liturgias que oíamos resonar de nuevo. Las últimas semanas se habían reabierto libros muy viejos y convocado plegarias antiquísimas. Incluso se habían elevado voces de rabinos en plazas públicas para pronunciarlas.

Esta vez, las palabras se formulaban contra un hombre judío al que, en nombre de los patriarcas y los héroes de los libros, de Esther, de Mordecai y de todos los demás, era preciso detener a cualquier precio. Así pues, aquí y allá se leyeron, incluso ante cámaras de televisión, oraciones místicas escritas en arameo. Palabras que, según los extremistas, tenían el poder de matar. Según la leyenda, podían provocar la muerte de aquel contra el cual se dirigían.

«Pff, ¿y eso es todo?», nos decíamos, escuchándolos mascullar y encogiéndonos de hombros con desdén. Pero ¿desde cuándo matan las palabras? ¿Qué poder tienen las de unos pocos iluminados frente a la fuerza democrática de un país pujante y organizado?

Sin embargo, se pronunciaron contra un hombre llamado Isaac Rabin, primer ministro del Estado de Israel, la persona que nos había convocado aquella tarde.

Entramos en Tel Aviv. Había mucha gente. Imposible acercarnos a la plaza donde se celebraba la manifestación. Aparcamos mucho más lejos de lo previsto y seguimos el torrente humano que nos guiaba por el dédalo de la Ciudad Blanca. En la calle Ben Yehuda, el hombre que resucitó el hebreo, aparecieron las primeras pancartas. En el bulevar Arlozorov, el hombre que allí fue asesinado una noche, la multitud se hizo más compacta. Y en el callejón Ha kalir, el hombre cuyos poemas son inmortales, nos repartieron unas pegatinas. En aquel camino de difuntos cuya memoria pervive empezamos a oír resonar las voces de los manifestantes.

«El pueblo quiere paz», gritaban, y nosotros nos sumamos a las proclamas. Sin embargo, sabíamos, como se sabe en cualquier otro rincón del mundo cuando se demuestra un mínimo de buena fe, que siempre que una consigna empieza con un «El pueblo quiere...», «El pueblo cree...» o «El pueblo dice que...» se formula una mentira parcial. Pues si el pueblo hablase con una sola voz o aspirase al unísono no estaría ahí proclamándolo a pleno pulmón a una parte del pueblo que no es él.

Nos introdujimos en la explanada central que aquella tarde aún se llamaba «plaza de los Reyes». Pronto, los Reyes desaparecerían de aquel lugar y la plaza llevaría el nombre de la persona que esperábamos. Pero en ese momento ¿quién lo habría imaginado?

Quizá un especialista en pensamiento judío habría podido advertirnos. A fin de cuentas, en la Biblia los reyes nunca llegan a viejos, y los reinos se desintegran. Se desmoronan siempre con violencia y dando paso al caos. Uno de ellos declaró un día, en uno de los libros sagrados: «Vanidad de vanidades, todo es vanidad»,* y en ese mismo texto nos ponía sobre aviso: nada dura, ni los sueños, ni los imperios, ni los amores. El rey Salomón sabía muy bien que nada es eterno, pero ¿imaginaba que algún día su adagio se aplicaría a una plaza que conmemoraba los reinos de Israel? Ella también caería.

Avanzábamos los dos por la plaza de los Reyes para reunirnos con las personas que nos esperaban, los demás soldados de su unidad, que compartían todos más o menos las mismas convicciones que nosotros, y unos viejos amigos acostumbrados a las manifestaciones de izquierdas. Cantamos y escuchamos varios discursos.

Por fin, Rabin salió al escenario y la muchedumbre descomunal calló para escucharlo. Me acuerdo de sus palabras. Creo que me marcaron porque las oí junto a una juventud militar que hablaba de paz con un arma en el cinto. Y a mí, que no era ni jamás sería soldado, me

---

* Véase el libro de Eclesiastés, compuesto según los rabinos por el rey Salomón.

parecía de pronto que me había incorporado a una sesión informativa de oficiales superiores que andaban preparando una operación peligrosa.

Dijo: «Presté servicio en el ejército durante veintisiete años. Combatí mientras no parecía haber oportunidades para la paz. Hoy, estoy convencido de que hay una oportunidad para la paz, una gran oportunidad».

Y luego lo oímos cantar, un cántico que se haría célebre porque fue el último que Rabin entonó. Este himno, mil veces repetido desde entonces, hace hablar a los muertos. Extraña premonición.

«Una canción por la paz» afirma que quienes se han ido pueden dirigirse a los que todavía viven, y decirles: «No intentéis despertarnos, mejor trabajad por que venga la paz, y vivid».

Rabin cantó con una torpeza enternecedora: «*Mi asher kavá neró...* A aquel cuya luz se apagó y está inhumado en el polvo, ningún llanto lo despertará ni lo hará volver... *Ish otanu lo yashiv...* Nadie nos hará resucitar, ni regresar de las tenebrosas profundidades. Y aquí de nada servirán los cantos de las victorias ni las alabanzas de la oración. Haced sencillamente que venga la paz, y que resuene el cántico de su llegada».

La última canción de Rabin afirma que lo muerto, muerto está, y que no hay tiempo que perder en proyectos de resurrección. Dice que no es momento de resucitar a los desaparecidos sino de despertar a los vivos. Y expresa también la inutilidad de las oraciones y la vanidad del orgullo nacionalista.

A escasos minutos de su propia muerte, Rabin no podía saber que una canción popular refutaba punto por punto toda la teología de su asesino y el arrebato mesiánico-nacionalista que armaba su mano.

Tictac, tintineaba la bomba, pero al término de la melodía Rabin aún estaba vivo. Enseguida nos fuimos de la plaza para evitar la multitud y las bullas de su dispersión.

Todo parecía normal, muy tranquilo. Tomamos de nuevo la carretera que va de Tel Aviv a la autopista de Jerusalén. El tráfico era fluido. Nos desviamos por el ramal Kibutz Galuyot, la vía de acceso que lleva en hebreo el nombre de la «reunión de los exiliados».

No sé si aquel letrero tuvo algo que ver, pero recuerdo que pensé en mi exilio, y en todo lo que siempre seguiría resultándome ajeno en aquel país que yo tanto amaba. Pensé en la gente joven con la que había compartido aquella tarde, en todo lo que jamás cohesionaría nuestras experiencias en una sola unidad. «El pueblo quiere paz», pero cada cual quiere otra cosa, y ¿se llega alguna vez al final de la propia soledad?

Pensé también que ya no estaba segura de amar a ese hombre, y que el mundo que habíamos construido juntos durante tres años podría enviarnos a ambos al exilio, que había que dejar de decir «nosotros» y aceptar hallar lo que hace de cada uno un extraño para el otro. Algo se había instalado en nuestras vidas, y la sedentarización había acabado haciéndonos olvidar la singularidad que nos había permitido amarnos.

Circulamos en silencio, sosegadamente. En ocasiones, la paz resulta agobiante cuando anuncia sin ruido la tormenta que está por venir.

Cuando en el horizonte aparecieron las colinas de Jerusalén y la carretera empezó a subir se nos taponaron un poco los oídos, como de costumbre. Mandé un poco de aire a los tímpanos. Él encendió la radio y la deflagración arrasó con todo a su paso. Habría preferido no oír nada nunca más.

La detonación poseía la voz de un hombre, la de Eytan Haber, portavoz del primer ministro. Cuatro palabras en hebreo llegaron a mis oídos aún taponados. Es como si todavía oyera su réplica interminable: «*Memshelet Israel modiá betadhemá*»...

«El gobierno israelí anuncia con estupor»... la muerte de su primer ministro. En la radio, los alaridos se superpusieron a su voz. Los nuestros detuvieron el coche en una cuneta, junto a una población llamada Motza. Allí, en Motza, un lugar que en hebreo significa «la salida», es donde para mí murió Rabin. Ni en una plaza de Tel Aviv, ni en el hospital al que fue trasladado, sino en una colina de Jerusalén, en la linde de un pueblo. Mi sueño dejó de respirar, y con él, mi amor. Mi sionismo se encontró en un callejón sin salida, en un punto muerto.

En Motza dejé un sueño como quien deja una maleta en el suelo preguntándose qué es lo que pesa tanto. Yo me pregunté qué había depositado en aquel amor y en aquella utopía, en aquel viaje que me había llevado tan lejos de mi lugar de nacimiento.

Vi allí lo que me habían transmitido las generaciones anteriores, los proyectos abortados de quienes me habían dado la vida, residuos de esperanzas rotas que yo aspiraba a reparar, lenguas entremezcladas, y todo aquello de lo que había intentado huir. Como en una historia de amor que se termina, donde de pronto se percibe qué grieta hemos encargado sellar al otro, qué ilusiones nos han permitido amar, abrí los ojos a otra realidad. Supe que la muerte de Rabin convertiría en uno solo mi desasosiego sionista y mi desasosiego amoroso.

Ya no recuerdo del todo bien lo que pasó luego, después de las lágrimas y los sollozos que nos asfixian, las noches en vela, el nudo en el estómago, el gobierno de Israel y su estupor.

Simplemente se me viene a la memoria el día del funeral. El mundo entero parecía haberse desplazado para asistir al entierro de un hombre y deslizar un proceso de paz en su féretro. La circulación de Jerusalén se detuvo. Todas las calles se cortaron para permitir que los cortejos oficiales atravesaran la ciudad. Desde la ventana de mi piso asistí en primera fila al desfile de coches de jefes de Estado e intenté adivinar qué países acudían uno por uno a dar el pésame.

La ceremonia se celebró al final del bulevar Herzl, donde yo vivía, en el cementerio homónimo, donde descansa el padre del sionismo. No tengo del todo claro que a él le hubiera hecho gracia la idea de que la vía jerosolimitana que conmemora su historia y su proyecto desemboque directamente en una concentración de tumbas. Junto a la suya se encuentran las de todos los jefes de gobierno y presidentes de Israel, las de todos aquellos que hallaron allí el reposo eterno y que aguardan por supuesto que el Mesías, en el que no creen, vaya a despertarlos. ¿Qué le dirán entonces, cuando descubran lo que se creó a partir de su sueño?

Han transcurrido veinticinco años desde el magnicidio. Poco después de aquella noche abandoné a aquel hombre y poco después aquel país, y aprendí a vivir con esa pena de amor.

Sin embargo, no he dejado de ser sionista ni por un segundo, aunque aceptando que para mí el término murió un poco aquella noche. Más concretamente, se convirtió en eso que los estadounidenses denominan *lost in translation*, una palabra que no tolera traducciones unívocas. Si intentas aclararla, expira para reencarnarse en otra parte.

Una noche de noviembre de 1995 comprendí que mi sionismo y el del asesino de Isaac Rabin tenían tan poco que ver que seguramente no podían seguir llevando el mismo nombre, solo que yo no tenía ninguna otra propuesta.

Rabin fue asesinado por un sionismo de propietarios, un nacionalismo mesiánico que ve en la tierra la señal de la redención prometida. Para el asesino, había que impedir a toda costa que un hombre diera a otros hombres unas tierras que nos pertenecen para siempre jamás. No podía perderse ninguno de esos territorios, aun yendo en contra de la paz, porque Dios nos los atribuyó a través de unos textos. Y entregarlos iría en contra de Su voluntad.

Paradoja suprema: para conservarlos, había que asesinar al hombre que, en calidad de jefe del Estado Mayor, los había puesto bajo nuestra jurisdicción en tan solo seis días. La guerra de 1967 y el viento de mesianismo que esta hizo soplar habían criado a toda una generación de terratenientes que en 1995 se consideraba lo bastante mayor para gestionar su legado.

Para mantenerse ahí, ese sionismo que no es el mío invoca una promesa ancestral, un derecho inalienable de propiedad, y la fuerza de un catastro bíblico. «Esta es la tierra que prometí a vuestros padres, Abraham, Isaac y Jacob», repiten para sentirse un poco más como en casa.

Mi vínculo con Israel está en las antípodas de esa propiedad. Y sin embargo me parece que se alimenta también de promesas bíblicas y de ideal profético. Bebe de otras advertencias del texto, especialmente de todas aquellas en las que Dios dice a los hebreos: no rindáis culto a Baal, la divinidad pagana de la propiedad. Recordad que «esta tierra es mía», dice el Eterno, y que en ella sois, como Abraham, solo «forasteros» con el cometido de implementar la justicia y la equidad. Y esa no-propiedad fundamenta vuestra plena legitimidad a la hora de estableceros en ella.

Mi sionismo se nutrirá para siempre de exilio, de no-pertenencia, de conciencia de todo lo que la historia de esa tierra, exactamente como la lengua, debe a su encuentro con los demás, con la singularidad en la que se basa y que sigue hablando en ella.

La absoluta legitimidad de un pueblo para construirse e instalarse allí procede del recuerdo de la condición judía, de la que la diáspora ha dado testimonio durante tantos siglos.

«Recuerda que fuiste esclavo en el país de Egipto», «Recuerda que tu padre fue un arameo errante», «Recuerda tu pasado idólatra»..., repite la Biblia a los hebreos que se asientan en la Tierra Prometida. Les dice: no olvides todo lo que le debes a tu origen, que no está aquí sino en otra parte. No te imagines que esta es tu tierra natal. No es una patria en el sentido etimológico, pues no es la tierra donde nacieron tus padres, sino el lugar que no te hará olvidar de dónde vienes, y que en el recuerdo del exilio te enseñará a amar a otro que aceptas no comprender nunca del todo, ni poseerlo.

Hay un sionismo que es convicción de sedentarismo. Hay otro que, como una plegaria nómada, sueña con brindar en ese lugar un derecho de residencia a la singularidad. El primero no es más «diabólico» que cualquier otro nacionalismo, mal que les pese a quienes hacen de él el objeto de un odio obsesivo. Puede que el segundo muriera con Rabin. A no ser que desde el principio no tuviera ninguna oportunidad real de existir. Pero cuando pienso en ese sionismo y en el sueño que llevaba aparejado, entonces, más que nunca, quiero creer en una noción judía ancestral: la de la resurrección de los muertos. Quiero esperar que exista un posible regreso a la vida de los hombres, de sus amores o de sus ideas. Me gustaría ser testigo de ello, en vida.

Veinticinco años han transcurrido desde la muerte de Rabin y, a diferencia de todo lo que habría podido imaginar por aquel entonces, yo me he hecho rabina. Este juego de palabras que solo se capta en ciertas lenguas como el francés me hace sonreír, casi tanto como la conciencia de las sorpresas que la vida reserva en sus circunstancias imprevisibles.

Veinticinco años después, veo a mis hijos crecer en Francia, y oigo a mi hijo hablarme en una lengua que reconozco, la que toma préstamos de tantos lenguajes y lleva dentro sedimentos y sedimentos de historia. Me habla de Israel y de su voluntad de irse a vivir allí algún día. Yo lo escucho en silencio. Sonrío pensando en un amor perdido del que él ha recuperado la pista, en un sueño casi muerto que ha sobrevivido en él, en cómo aquello que creemos casi desaparecido puede renacer en otra parte. Bendito seas, Eterno, que revives a los muertos.

Edgar
«¿Soy yo acaso el guarda de mi tío?»

«[...] Cavaron pues una fosa, y dijo Caín: "¡Está bien!"
y él solo descendió a la bóveda sombría.
Cuando estuvo sentado en la oscuridad
y por encima de su frente se cerró el subterráneo,
el ojo se hallaba en la tumba, y miraba a Caín.» *

Como tantos colegiales, recité estos versos de Victor Hugo a una edad a la que era incapaz de ponderarlos. Instintivamente, me aterrorizaban. Todavía resuenan a menudo en mi cabeza cuando visito cementerios. Pienso en todas las personas que los murmuraron antes que yo y que descansan en ellos. Imagino lo que construyeron y dejaron en la Tierra —ciudades y muros, torres y subterráneos, niños y esperanzas— antes de descender a la oscuridad, como Caín, para «dejarse ver» en otra parte.

Pocos versos describen de un modo tan potente lo que es la conciencia, y en concreto la mala, la que lleva al hombre a sentirse espiado en cualquier circunstancia,

---
* «La conciencia», poema de Victor Hugo.

vaya donde vaya, hasta la sepultura. El ojo lo sigue a todas partes y no hay cobijo que le dé tregua.

En la escuela se enseñan todavía estos versos, pero pocas de las personas que los recitan tienen conocimiento de los detalles del relato bíblico en que se inspiran. En las primeras líneas del Génesis, al contrario que en el poema de Hugo, no se habla de un ojo que persigue al asesino, sino de una boca que lo denuncia desde la tumba.

La Biblia arranca con un relato fratricida. Cuenta el nacimiento y la historia de los primeros hijos del mundo, los descendientes de Adán y Eva.

Al parir a su primogénito, Eva declara: «He adquirido un varón con el favor de Adonai»,* y por ello pone «Caín» a su hijo, nombre que significa «adquisición» o «posesión». Nada más nacer, el primer bebé del mundo es poseído, por una madre, por Dios, por un nombre que lo define. Enseguida desarrolla un instinto de propiedad y se hace labrador: es un hombre que planta, siembra y hace que la tierra dé frutos. Caín engendrará más tarde una importante descendencia que a su vez arraigará en no pocos lugares. El Génesis describe a sus hijos como un linaje de constructores, urbanitas de múltiples talentos que dominan la artesanía y la metalurgia, que manipulan materiales sólidos, todo lo que dura sin erosionarse. Su descendencia funda ciudades, se establece para adquirir y transmitir. El mundo de Caín está hecho para durar, no como el del hermano que nace junto a él.

---

* Génesis, 4, 1.

Justo después de que nazca su primogénito, Eva alumbra a otro hijo varón al que parece no atribuir apenas importancia. Lo llama Abel (Havel en hebreo), que literalmente significa «aliento evanescente» o mero «vaho». El benjamín se llama «efímero» y desde su nacimiento parece proclamar que solo está de paso. Por lo demás, se hace pastor de ovejas, o sea, nómada. Abel no se asienta en ninguna parte ni conoce propiedades. Camina sin rumbo y sin arraigo, lleva a unas pocas bestias a pastar y sale de la historia tan rápido como entró, asesinado por su hermano.

La Biblia especifica las circunstancias del fratricidio: los dos hermanos hacen una ofrenda al Eterno, pero a Abel se le concede una atención divina que a Caín se le niega. ¿Cómo encajarlo? ¿Por qué un hermano habría de poseer un privilegio del que el otro se vería privado? La envidia y el resentimiento llevan a Caín al crimen. En hebreo, por lo demás, los celos se denominan *kiná*, una declinación del nombre de Caín (Kain). Solo el que vive para adquirir puede encelarse del otro hasta el punto de destruirlo.

Abel muere y desaparece sin dejar ni rastro. Parece esfumarse, igual que su nombre, pero en verdad perdura en otra parte. Su voz apela al lector desde las profundidades del texto.

«¿Dónde está tu hermano Abel?», le pregunta Dios al asesino justo después del crimen. «No sé. ¿Soy yo acaso el guarda de mi hermano?», replica Caín con el aplomo de quien amordaza su conciencia y elude su responsabilidad.

«¿Qué has hecho?», prosigue el Eterno. «Se oye la sangre de tu hermano clamar a mí desde el suelo.»* La desaparición de Abel deja una huella audible y el versículo provoca un clamor. Su voz grita desde la tumba y Dios la oye. Los comentaristas judíos aguzan también el oído y rastrean la llamada en un detalle del texto, una formulación curiosa. ¿Por qué la voz que clama desde las profundidades de la tierra es la de «las sangres» de Abel, en plural? ¿Acaso tenía varias?**

La leyenda rabínica ofrece una interpretación transgeneracional para este detalle. Dicen los sabios que desde la sepultura claman a Dios todas las generaciones que deberían haber nacido a partir de Abel. El asesino no ha matado simplemente a un hombre, sino a todos los que este podría haber engendrado, a todos los que podrían haber venido al mundo después de él. Con Abel se extingue un plural, o sea, todo lo que habría podido ser. En Victor Hugo, esas voces clamorosas adoptan la forma de un ojo en la tumba. En la Biblia, en cambio, manan del suelo y persiguen a Caín. Son la llamada de su conciencia, que ni siquiera la muerte logrará acallar. Más allá de su vida reclaman a todos sus descendientes, o sea, a cada uno de nosotros, que se enfrenten al vaho de las existencias pasadas, a todo lo que podría haber sido y que, precisamente por no haber sido, ha dejado huellas en nosotros.

---

* Génesis, 4, 9-10.
** En las traducciones castellanas siempre se habla de «la sangre», mientras que al francés, efectivamente, suele trasladarse como plural, *les sangs*, de acuerdo con el original hebreo. *(N. de la T.)*

El enfrentamiento de Caín y Abel en el Génesis, por tanto, no es simplemente el de dos hermanos. A través de ellos, opone para siempre y con cada generación, lo que perdura a lo que pasa, lo que quisiéramos permanente a lo que sabemos efímero, el «es» al «podría haber sido».

Cada visita al cementerio nos remite a la génesis de esta historia. Plantea esas mismas preguntas a quien abre los ojos o aguza el oído: ¿qué huellas han dejado en nuestras vidas las personas que se han ido? ¿Cuánto llevamos en nosotros de lo que hicieron o, por el contrario, de lo que no pudieron llevar a cabo? ¿Qué dejaremos nosotros en esta Tierra en la que estamos de paso? No hay necesidad de ser un asesino para conocer la angustia de Caín: el miedo a renunciar a aquello que se nos antoja adquirido, y el terror de sabernos evanescentes.

Yo era muy pequeña cuando descubrí un ojo que me observaba. Donde quiera que fuera, me miraba fijamente. Por más que intentara evitarlo, siempre estaba ahí. Aquel ojo estaba plasmado en un lienzo, colgado de la pared del comedor del piso de mis abuelos. En un cuadro grande, inmenso para la criatura que yo era, salía un hombre muy tieso. Se llamaba Edgar, y todos lo llamaban «el tío Edgar».

Yo no sabía nada de él, salvo que había muerto poco antes de que yo naciera. Había sido médico: el cuadro lo representaba ataviado con una bata blanca de sanitario y un estetoscopio de factura antigua en la mano. De niña, mi curiosidad se avivaba cada vez que alguien pronunciaba su nombre; los adultos hablaban de él siempre de la misma forma, aludiendo a su originalidad, su espíritu un tanto rebelde, y sugiriendo con medias palabras que había sido un gran seductor. ¿Habría seducido al pintor o a la persona que encargó aquella obra, hombre o mujer? ¿Fue el propio Edgar el promotor del cuadro? ¿Amaba su imagen hasta el punto de desear verla reproducida de ese modo, en un tamaño mayor que el natural? Lo ignoro.

Lo que perturbaba sobre todo a la niña que observaba aquel retrato era la técnica escogida por el artista. Al igual que la celebérrima *Gioconda*, el tío Edgar había sido dibujado de tal modo que te seguía con la mirada por toda la sala, allá donde fueras.

Me colocara donde me colocara —y ya me encargaba yo de multiplicar las tentativas—, ningún rincón de la estancia me ponía a salvo de su potente mirada. Durante un tiempo, decidí no volver a entrar sola en el comedor de mis abuelos. Como Caín, buscaba un refugio para evitar el ojo. Pero a la hora de las comidas siempre daba conmigo. Años después, incluso abandonó aquella pared para seguirme a otro lugar. Cuando mis abuelos fallecieron, mi padre decidió colgar el cuadro en nuestro hogar, en el recibidor, y a partir de ese momento se volvió insoslayable. Hasta que me fui de la casa de mis padres, vi a Edgar a diario, y vi que cada día él me veía a mí. Aprendí a devolverle la mirada sin terror, y acabé conociendo cada detalle de su rostro. En la pintura debía de tener unos cuarenta y tantos años, o sea, más o menos la edad que tengo yo en la actualidad. El color de su piel era sorprendentemente pálido, casi cadavérico.

Hace poco leí que en el siglo xix era muy habitual fotografiar o reproducir las caras de los seres queridos después de muertos. En cuanto un agonizante exhalaba el último suspiro, se llamaba a un retratista que fotografiase al difunto para conservar la imagen de sus facciones paralizadas por la muerte. Algunos fotógrafos llegaban incluso a poner en escena los cadáveres: sentados en una poltrona, apoyados en un armario, en brazos de algún allegado, o incluso leyendo. Hoy en día, estos montajes fúnebres nos parecerían muy fuera de lugar. Ya no se mira, o casi, el rostro de los muertos.

La tradición judía lo prohíbe, simple y llanamente. Exige que la cara de los difuntos esté tapada: de ninguna manera se permite observar a una persona que ya no puede vernos a nosotros. Otras tradiciones religiosas, en cambio, incitan a dedicar una última mirada al rostro del difunto. Pero por lo general no es esa imagen la que se trata de inmortalizar. Todo lo contrario, se favorecen las fotos de los muertos tomadas cuando estaban vivos.

Pienso en ello a menudo cuando veo en los cementerios esos retratitos ovalados encastrados en las lápidas. Me pregunto por qué se escogió esa foto y no otra.

Cuando un hombre o una mujer muere a una edad avanzada, ¿quién decide inmortalizar en mármol una imagen de ellos con noventa años y no con treinta? ¿Por qué una foto, solo una, iba a reflejar a una criatura, congelando para los restos su vida en un único tiempo?

¿Es preferible hablar de un difunto mediante el semblante de su madurez, mediante una foto suya de cuando era un bebé mofletudo, o de adolescente? ¿Qué edad nos gustaría tener para siempre, en la huella que dejamos a quienes nos sobreviven?

En su retrato de tez lívida, Edgar está muy vivo y en la flor de la edad.

Morirá varias décadas más tarde y un día lo enterrarán en un pequeño cementerio judío de Alsacia, en la tierra que fue la cuna de su familia... y de la mía.

En cuanto a mí, que nací cuando él ya no existía, me parece haber sabido desde la niñez que aquel cuadro tendía un puente entre los tiempos de nuestras vidas, y que contaba un pedazo de historia evaporada. Ella es la que me mira directamente a los ojos.

No es tarea fácil rastrear la historia de los judíos de Alsacia y Lorena. Las fronteras móviles de esas tierras hablan de una identidad compleja. Volvieron nómadas a quienes allí vivían, incluso cuando estaban sólidamente establecidos. Provocaron que se sintieran extranjeros muchos hombres y mujeres que sin embargo no se habían movido de sus casas. La de Alsacia y Lorena es una cultura entre dos mundos, y la de los judíos de esas regiones, un poco más intersticial aún. Es la quintaesencia de un enclave entre dos tierras. Esa gente que durante mucho tiempo recibió el nombre de «israelitas» porque «sonaba mejor que judíos» hallaron refugio un día en unos campos donde se asentaron, entre ciudades y entre lenguas. Mezclaron el alemán, el alsaciano, el judeoalsaciano y el hebreo con su apasionado amor por Francia y la lengua francesa. Se criaron entre varias culturas, conscientes de que las fronteras, como las identidades, son más movedizas de lo que se cuenta. Implantaron un universo que ahora ha desaparecido casi del todo, el de la ruralidad judía en la Francia oriental.

La imagen del nómada cosmopolita se adhiere a la piel del judío a lo largo de toda su historia. Se lo imagina siempre en los caminos, errante de ciudad en ciudad, esperando ser expulsado. Pero se olvida que existieron otros judaísmos, arraigados y campesinos.

Los judíos de Alsacia y Lorena no tenían tierras. Tenían prohibido ser propietarios. Sin embargo, en los pueblos donde se establecieron fueron invitados a ejercer un cierto número de oficios tradicionales: tratantes de ganado, maestros, comerciantes, o, de forma menos habitual, médicos.

Generalmente vivían en buena armonía con el campesinado local, y esta convivencia más o menos feliz dejó no pocas huellas. Sinagogas, escuelas y cementerios dan fe de ello. Hubo en la región una vida judía fértil y bien implantada en los campos, una ruralidad israelita.

Esta identidad inédita hizo dialogar con bastante serenidad y durante siglos las voces de Caín y de Abel en las tierras de Alsacia y Lorena. Como Abel, aquellos hombres no terratenientes tuvieron a su cargo rebaños, pero trabajaron codo con codo con quienes sembraban y cultivaban. Se aliaron con un Caín que no pretendía asesinarlos. Se creyeron entonces sólidamente arraigados. Hasta que, un día, los hijos de Caín persiguieron de nuevo a sus hermanos y, como el Abel bíblico, tuvieron que marcharse sin dejar rastro, esfumándose de aquellas tierras que tanto habían amado. Después de la guerra, el éxodo y la deportación, muy pocos supervivientes optaron por volver a asentarse allí. Sus descendientes tampoco regresaron.

Desde luego, yo jamás habría regresado si un suceso no me hubiera llevado hasta allí durante el proceso de escritura de este libro. De pronto, la voz de las sangres de mis ancestros clamó desde el suelo.

El 3 de diciembre de 2019, el cementerio judío de Westhoffen fue profanado. Un centenar de tumbas amaneció con cruces gamadas pintadas, y varias lápidas derribadas. No se detuvo a los culpables. Pero los mismos, o sus hermanos, ya habían actuado en otros cementerios judíos de la región.

Aquel día descubrí que ese pequeño cementerio era precisamente el de mi familia y que varias generaciones de mis ascendientes paternos habían vivido y recibido sepultura en esa localidad. En ese cementerio que yo nunca había pisado descansaba «el tío Edgar».

Aquel cuya mirada yo había pasado años rehuyendo resurgía de repente en mi historia. Y supe inmediatamente que tendría que ir a visitar la tumba, y asegurarme de que su lápida, enderezada e indemne, le permitiría cerrar los ojos y descansar en paz en su sepultura.

Mientras circulaba por la carretera que me llevaba a Westhoffen, me acordé de una mujer judía cuyo nombre no paraba de resonar en mi cabeza: Ruth Halimi. Recordé su cara y sobre todo las palabras de aquella madre de dignidad y coraje inmensos. Tras el atroz asesinato antisemita de su hijo Ilan a manos de la banda de los bárbaros, en 2006, y cuando el chico acababa de ser enterrado en el extrarradio de París, la mujer tomó la decisión de exhumar el cuerpo y trasladarlo para que recibiera sepultura en Jerusalén, donde descansa desde entonces. Cuando le preguntaron por el motivo de su decisión, respondió a quienes no comprendían el gesto que no soportaría que la fosa de su hijo fuese profanada. Temía que algunos trataran aún de hacerle daño más allá de la muerte, y aseguraba que en Israel el reposo de su hijo no correría peligro de ser perturbado.

La continuación de la historia le dio la razón: cada cierto tiempo, las lápidas conmemorativas en memoria de Ilan Halimi fueron objeto de profanaciones, y aún hoy aparecen descuajados de la tierra los árboles que se plantan en su honor. El odio antisemita guarda rencor a los judíos cuando están vivos y les guarda rencor aun cuando están muertos. Todo sucede como si nada pudiera extinguirlo, ni siquiera la desaparición de los cuerpos. ¿Oye también el antisemita la voz de las sangres de nuestros hermanos que claman desde el suelo? ¿Cree poder acallarla emprendiéndola contra los muertos?

Paseé durante horas por las calles de Westhoffen. Confieso que algo me resultaba familiar. No sabría decir de qué se trataba exactamente. El color de la piedra o el olor de los viñedos, tal vez. Al final de una callejuela encontré la gran sinagoga, desierta, vaciada de bancos, de sus objetos de culto y, claro, de sus fieles. Pero algo en el corazón de aquella ausencia expresaba no tanto el vacío como la huella que perdura.

En las callecitas del centro del pueblo descubrí que en cada puerta, o casi, estaba grabada dicha huella, adoptando la forma de unas muescas transversales marcadas en la piedra o los travesaños de los dinteles. Como es natural, yo sabía perfectamente lo que contaban esas grietas en los umbrales de las casas: en otro tiempo, allí había habido una *mezuzá*, el receptáculo con un pergamino que los judíos colocan siempre en la entrada de sus viviendas. Los huecos de los muros decían que allí habían vivido aquellos que ya no estaban vivos. Como la *mezuzá* de sus puertas, habían estado sólidamente arraigados hasta que un buen día desaparecieron. De ellos no quedaba nada aparte de un vacío grabado en cada casa, el rastro de una desaparición que muestra hasta qué punto son indelebles las marcas que deja lo evanescente.

Según la tradición judía, para morar en un lugar es necesario colocar una *mezuzá*, por supuesto, esa cajita que recuerda la importancia de las puertas y los pasajes en nuestras vidas. Pero también hay que asegurarse de que la vivienda cumpla con otro criterio: desde la destrucción del Templo de Jerusalén, cualquier espacio habitacional debe permanecer parcialmente sin construir. La tradición judía exige que se deje siempre una pequeña fisura en la pared, un pedazo de tabique sin pintar o una baldosa sin poner en un rincón de la solería. Se trata de dejar en nuestras vidas la huella de la incompletitud, de saber habitar un sitio donde hay lugar para la ausencia.

Reconocer el rastro que deja lo que ya no está, y oír cómo nos dice: «Acuérdate de los que ya no están aquí».

Empujé la puerta del cementerio «israelita», en un extremo de la calle mayor. Los goznes parecían oxidados y había que aplicar mucha fuerza, como si los muertos hubieran encontrado la manera de cerrarle el paso a los vivos para protegerse mejor. Me puse a buscar las tumbas de mis antepasados, pero antes de dar con ellas descubrí que descansaban en buena compañía.

En ese minúsculo pueblecito alsaciano están enterrados los ancestros de varias familias ilustres: los antepasados de Robert Debré, pero también los de Karl Marx y Léon Blum. Reposan los antecesores del gran rabino Guggenheim, los del matemático Laurent Schwartz o los de la periodista Anne Sinclair.

El diminuto cementerio israelita de Westhoffen es un poco el *Quién es quién* funerario de los grandes linajes judíos franceses. Es como si aquel pueblo minúsculo hubiera acogido y alimentado durante un tiempo las semillas de unos árboles que luego crecieron en otra parte, que fertilizaron tierras o mentes por todo el mundo, que se comprometieron por la República, por la ciencia, la medicina, el comunismo o el pensamiento religioso. En un puñado de kilómetros cuadrados se plantaron las raíces de unos hombres y unas mujeres que posteriormente se marcharon, a veces muy lejos, para intentar ser a su manera «los guardas de sus hermanos». En sus respectivas trayectorias, ¿qué se llevaron realmente de la tierra de Westhoffen? ¿Qué parte de su historia dejaron allí?

Para describir lo que sentí en aquel cementerio se me viene una palabra a la cabeza: solastalgia. Este concepto, inventado a principios de los dos mil por un filósofo australiano, designa una nostalgia muy concreta, la de un lugar donde uno se encuentra pero sabe que ya no existe. Lo que hubo ya no está, pero los vestigios de un mundo desaparecido conservan su recuerdo tan sólidamente como si estuviera indemne.

Por fin encontré la tumba de Edgar, y su cipo justo al lado del de sus padres, mis tatarabuelos. Leí en silencio un kadish, contando a mi vera a todos los ausentes de ese *minyán* fantasma, un quórum virtual.

Al principio de la Historia, un hombre mata a su hermano y esa violencia clama hasta el fin de los tiempos. Reverbera y empuja a otros Caín a levantarse para reproducir ese gesto en cada generación. Se trata en todos los casos de deshacerse de Abel, de borrar todo lo que nos recuerda que nada perdura, que habrá que acostumbrarse a la ausencia y renunciar a todo lo que adquirimos.

Un hombre lo enunció en la Biblia mejor que nadie. Se llamaba Salomón y fue rey de Jerusalén. En la Biblia, Salomón es el hombre de la posesión por antonomasia. A lo largo de su existencia acumula bienes, riquezas, oro, mujeres. Construye palacios, planta árboles, cosecha frutos y amontona tesoros. Goza de un poder considerable y tangible, a imagen de los hijos de Caín.

Al término de su vida, escribe un libro denominado Eclesiastés, un pergamino en el que repite esa frase que todos conocemos: «Vanidad de vanidades, ¡todo es vanidad!», uno de los versículos más famosos de la Biblia.

También uno de los peores traducidos.

En hebreo, Salomón lo formula así: «*Havel havalim hakol havel*».* El rey de Jerusalén no habla de vanidad alguna, sino que literalmente dice: «Vaho de vahos, todo es vaho». O, simplificando aún más: «Abel de Abeles... ¡todo es Abel!».

---

* Eclesiastés, 1, 2.

Así habla el sabio, el terrateniente, el sedentario, el hombre que adquirió bienes y creyó en la estabilidad del mundo. Reconoce que todo es Abel. Todo lo que construimos con firmeza acaba deteriorándose o desapareciendo, mientras que lo que es frágil, efímero y falible deja en el mundo —paradójicamente— huellas indelebles. El vaho de las existencias pasadas no se evapora: sopla en nuestras vidas y nos lleva allá donde jamás creíamos que iríamos.

Inclinada sobre la tumba de Edgar, un Abel entre tantos otros, cerré los ojos. Cuando los abrí, vi de pronto dónde se ubicaba aquel pueblecillo de tan particular historia. En las alturas de la localidad, por encima del cementerio, se extendían arboledas hasta donde alcanzaba la vista. Al distinguir aquellos frutales me acordé de lo que anunciaba con orgullo el letrero de la entrada del pueblo: «Westhoffen: Capital mundial de la cereza alsaciana».

De repente se me reveló una evidencia de sabor dulce. Mis raíces, como las de los cerezos, se desarrollaron allí. La estupidez, los celos o el miedo intentaron arrancarlas, eliminar las huellas de ese arraigo, desalojar a los vivos e incluso a los muertos. Pero los seres humanos replantados lejos de su tierra de origen, como los cerezos, dan frutos que contienen una extraña memoria, la del campo que antaño los cobijara.

En su pulpa roja que chorrea como sangre claman las sangres de sus antepasados.

Las cerezas de Westhoffen, al igual que sus hijos, nunca mueren del todo. Se conservan incluso cuando las arrancan de su tierra. Basta con sumergirlas en aguardiente, un agua que de generación en generación les hace repetir: *Lejaim!*, «¡por la vida!».

«¡El hombre! Como la hierba son sus días, como la flor del campo, así florece; pasa por él un soplo, y ya no existe, ni el lugar donde estuvo vuelve a conocerle.»
SALMO 103, 15-16

Desde LIBROS DEL ASTEROIDE queremos agradecerle el tiempo que ha dedicado a la lectura de *Vivir con nuestros muertos*. Esperamos que el libro le haya gustado y le animamos a que, si así ha sido, lo recomiende a otro lector.

Al final de este volumen nos permitimos proponerle otros títulos de nuestra colección.

Queremos animarle también a que nos visite en www.librosdelasteroide.com y en nuestros perfiles de redes sociales, donde encontrará información completa y detallada sobre todas nuestras publicaciones y podrá ponerse en contacto con nosotros para hacernos llegar sus opiniones y sugerencias.
Le esperamos.

«Un ensayo lleno de un humor que sirve para entender las características de los judíos, y también los estereotipos que los han acompañado a lo largo de la Historia.»
Rebeca Yanke (El Mundo)

«Contra el repliegue comunitario y los fundamentalismos, la rabina Horvilleur propone una lectura renovada y plural de los textos sagrados.»
Bernadette Sauvaget (Libération)

OTROS TÍTULOS PUBLICADOS POR
LIBROS DEL ASTEROIDE:

192 Un debut en la vida, **Anita Brookner**
193 El tiempo regalado, **Andrea Köhler**
194 La señora Fletcher, **Tom Perrotta**
195 La catedral y el niño, **Eduardo Blanco Amor**
196 La primera mano que sostuvo la mía, **Maggie O'Farrell**
197 Las posesiones, **Llucia Ramis**
198 Una noche con Sabrina Love, **Pedro Mairal**
199 La novena hora, **Alice McDermott**
200 Luz de juventud, **Ralf Rothmann**
201 Stop-Time, **Frank Conroy**
202 Prestigio, **Rachel Cusk**
203 Operación Masacre, **Rodolfo Walsh**
204 Un fin de semana, **Peter Cameron**
205 Historias reales, **Helen Garner**
206 Comimos y bebimos. Notas sobre cocina y vida, **Ignacio Peyró**
207 La buena vida, **Jay McInerney**
208 Nada más real que un cuerpo, **Alexandria Marzano-Lesnevich**
209 Nuestras riquezas, **Kaouther Adimi**
210 El año del hambre, **Aki Ollikainen**
211 El sermón del fuego, **Jamie Quatro**
212 En la mitad de la vida, **Kieran Setiya**
213 Sigo aquí, **Maggie O'Farrell**
214 Claus y Lucas, **Agota Kristof**
215 Maniobras de evasión, **Pedro Mairal**
216 Rialto, 11, **Belén Rubiano**
217 Los sueños de Einstein, **Alan Lightman**
218 Mi madre era de Mariúpol, **Natascha Wodin**
219 Una mujer inoportuna, **Dominick Dunne**
220 No cerramos en agosto, **Eduard Palomares**
221 El final del affaire, **Graham Greene**
222 El embalse 13, J**on McGregor**
223 Frankenstein en Bagdad, **Ahmed Saadawi**
224 El boxeador polaco, **Eduardo Halfon**
225 Los naufragios del corazón, **Benoîte Groult**
226 Crac, **Jean Rolin**
227 Unas vacaciones en invierno, **Bernard MacLaverty**
228 Teoría de la gravedad, **Leila Guerriero**
229 Incienso, **Eileen Chang**
230 Ríos, **Martin Michael Driessen**
231 Algo en lo que creer, **Nickolas Butler**
232 Ninguno de nosotros volverá, **Charlotte Delbo**
233 La última copa, **Daniel Schreiber**
234 A su imagen, **Jérôme Ferrari**
235 La gran fortuna, **Olivia Manning**
236 Todo en vano, **Walter Kempowski**

237 En otro país, **David Constantine**
238 Despojos, **Rachel Cusk**
239 El revés de la trama, **Graham Greene**
240 Alimentar a la bestia, **Al Alvarez**
241 Adiós fantasmas, **Nadia Terranova**
242 Hombres en mi situación, **Per Petterson**
243 Ya sentarás cabeza, **Ignacio Peyró**
244 El evangelio de las anguilas, **Patrik Svensson**
245 Clima, **Jenny Offill**
246 Vidas breves, **Anita Brookner**
247 Canción, **Eduardo Halfon**
248 Piedras en el bolsillo, **Kaouther Adimi**
249 Cuaderno de memorias coloniales, **Isabela Figueiredo**
250 Hamnet, **Maggie O'Farrell**
251 Salvatierra, **Pedro Mairal**
252 Asombro y desencanto, **Jorge Bustos**
253 Días de luz y esplendor, **Jay McInerney**
254 Valle inquietante, **Anna Wiener**
255 Los días perfectos, **Jacobo Bergareche**
256 Un domingo en Ville-d'Avray, **Dominique Barbéris**
257 Los últimos balleneros, **Doug Bock Clark**
258 Friday Black, **Nana Kwame Adjei-Brenyah**
259 Lejos de Egipto, **André Aciman**
260 Sola, **Carlota Gurt**
261 Ayer, **Agota Kristof**
262 Segunda casa, **Rachel Cusk**
263 Cosas, **Castelao**
264 El gran farol, **Maria Konnikova**
265 Sensación térmica, **Mayte López**
266 Un lugar desconocido, **Seisho Matsumoto**
267 Piedra, papel, tijera, **Maxim Ósipov**
268 El mal dormir, **David Jiménez Torres**
269 Gallinas, **Jackie Polzin**
270 El festín del amor, **Charles Baxter**
271 Buena suerte, **Nickolas Butler**
272 Brighton Rock, **Graham Greene**
273 Vivir con nuestros muertos, **Delphine Horvilleur**
274 Lo que pasa de noche, **Peter Cameron**
275 Fieras familiares, **Andrés Cota Hiriart**
276 Vista Chinesa, **Tatiana Salem Levy**
277 Los Effinger, **Gabriele Tergit**
278 No me acuerdo de nada, **Nora Ephron**
279 La ciudad expoliada, **Olivia Manning**
280 Antes del salto, **Marta San Miguel**
281 Un hijo cualquiera, **Eduardo Halfon**
282 La promesa, **Damon Galgut**
283 La palabra para rojo, **Jon McGregor**
284 14 de abril, **Paco Cerdà**
285 Salir a robar caballos, **Per Petterson**

286 Las cigüeñas son inmortales, **Alain Mabanckou**
287 Huntington Beach, **Kem Nunn**
288 Igual que ayer, **Eduard Palomares**
289 Un trabajo para toda la vida, **Rachel Cusk**
290 El visionario, **Abel Quentin**
291 El estado del mar, **Tabitha Lasley**
292 El año del desierto, **Pedro Mairal**
293 El retrato de casada, **Maggie O'Farrell**
294 Una escritora en la cocina, **Laurie Colwin**
295 Amigos y héroes, **Olivia Manning**
296 Tracy Flick nunca gana, **Tom Perrotta**
297 Salir de la noche, **Mario Calabresi**
298 La frecuente oscuridad de nuestros días, **Rebecca Donner**
299 La tormenta perfecta, **Sebastian Junger**
300 No me gusta mi cuello, **Nora Ephron**
301 Biografía del fuego, **Carlota Gurt**
302 Mi padre alemán, **Ricardo Dudda**
303 Nada es verdad, **Veronica Raimo**
304 Las despedidas, **Jacobo Bergareche**
305 El arte de coleccionar moscas, **Fredrik Sjöberg**
306 Los hijos dormidos, **Anthony Passeron**
307 El inventor, **Miguel Bonnefoy**
308 La novia grulla, **CJ Hauser**
309 El castillo de arena, **Seicho Matsumoto**
310 Kilómetro 101, **Maxim Ósipov**
311 El ángel de piedra, **Margaret Laurence**
312 Viajes a tierras inimaginables, **Dasha Kiper**
313 Mis años con Martha, **Martin Kordić**
314 La distancia que nos separa, **Maggie O'Farrell**
315 Casi, **Jorge Bustos**
316 Un inmenso azul, **Patrik Svensson**
317 Madres, hijos y rabinos, **Delphine Horvilleur**
318 Las propiedades de la sed, **Marianne Wiggins**
319 Obra esencial, **Manuel Chaves Nogales**
320 Vendrán a detenerme a media noche, **Tahir Hamut Izgil**
321 Tarántula, **Eduardo Halfon**
322 Respira, **Tim Winton**
323 Guerra de infancia y de España, **Fabrizia Ramondino**
324 El factor Rachel, **Caroline O'Donoghue**
325 Memorias, **Teffi**
326 Absolución, **Alice McDermott**
327 En una habitación ajena, **Damon Galgut**
328 Los extrañados, **Jorge Freire**
329 Podrías hacer de esto algo bonito, **Maggie Smith**
330 Ni me gusta mi cuello ni me acuerdo de nada, **Nora Ephron**
331 Vallesordo, **Jonathan Arribas**
332 Despejado, **Carys Davies**
333 La casa de verano, **Masashi Matsuie**
334 Un sueño *made in* Argentina, **Solange Levinton**